"十四五"普通高等教育本科部委级规划教材

U0734321

服装学科系列教材

陈佳欣　　肖　榕 ◎ 主　编

卞泽天　　李　正 ◎ 副主编

FUZHUANG PINPAI CEHUA YU YUNZUO

服装品牌策划与运作

中国纺织出版社有限公司

内 容 提 要

本书是"十四五"普通高等教育本科部委级规划教材。本书将基础理论、专业理论与专业实践相结合，使其更有助于读者理解如何策划与运作服装品牌。全书内容包括绪论、服装品牌市场调研、服装品牌创立的前期策划、服装品牌的产品开发、服装品牌的传播策划、服装品牌的营销策划、服装品牌运作的管理战略。本书秉持"实用性与适用性相结合"的宗旨，涉及服装品牌的有关内容较全面，观点明确，同时引用具体实例进行分析，专业性强，简单易懂。

本书条理清楚，语言流畅，可作为高等院校服装专业的教学用书，也可供相关专业人员以及广大服装爱好者阅读和参考。

图书在版编目（CIP）数据

服装品牌策划与运作 / 陈佳欣，肖榕主编；卞泽天，李正副主编 . -- 北京：中国纺织出版社有限公司，2024.2（2025.4 重印）

"十四五"普通高等教育本科部委级规划教材

ISBN 978-7-5064-9015-3

Ⅰ.①服… Ⅱ.①陈… ②肖… ③卞… ④李… Ⅲ.①服装—品牌营销—高等学校—教材 Ⅳ.①F768.3

中国国家版本馆 CIP 数据核字（2023）第 238541 号

责任编辑：苗 苗 宗 静　　责任校对：寇晨晨
责任印制：王艳丽

中国纺织出版社有限公司出版发行

地址：北京市朝阳区百子湾东里 A407 号楼　邮政编码：100124

销售电话：010 — 67004422　传真：010 — 87155801

http://www.c-textilep.com

中国纺织出版社天猫旗舰店

官方微博 http://weibo.com/2119887771

北京通天印刷有限责任公司印刷　各地新华书店经销

2024 年 2 月第 1 版　2025 年 4 月第 2 次印刷

开本：787×1092　1/16　印张：13.5

字数：245 千字　定价：68.00 元

服装学科现状及其教材建设

　　能遇到一位好的老师是人生中非常幸运的事，有时这又是可遇而不可求的。韩愈说："师者，所以传道授业解惑也"，而今天我们又总是将老师比喻为辛勤的园丁，比喻为燃烧自己照亮他人的蜡烛，比喻为人类心灵的工程师等，这都是在赞美教师这个神圣的职业。作为学生尊重自己的老师是本分，作为教师认真地从事教学工作，因材施教去尽心尽责培养好每一位学生是做老师的天道义务，也是教师的基本职业道德。

　　教师与学生之间是一种无法割舍的长幼关系，是教与学的关系，传道与悟道的关系，是一种付出与成长的关系，服装学科的教学也是如此，"愿你出走半生，归来仍是少年"。谈到师生的教与学的关系问题必然绕不开教材问题，教材在师生教与学关系中间扮演着一个特别重要的角色，这个角色是有一个互通互解的桥梁角色。凡是优秀的教师都一定会非常重视教材（教案）的建设问题，没有例外。因为教材在教学中的价值与意义是独有的，是不可用其他的手段来代替的，当然好的老师与好的教学环境都是极其重要的，这里我们主要谈的是教材的价值问题。

　　当今国内服装学科的现状主要分为三大类型，即艺术类服装设计学科、纺织工程类服装专业学科、高职高专与职业教育类服装专业学科。另外还有个别非主流的服装学科，比如戏剧戏曲类的服装艺术教育学科、服装表演类学科等。国内现行三大类型服装学科教学培养目标各有特色，三大类型的教学课程体系也是有着较大差异性的，这个问题专业教师要明白，要用专业的眼光去选着适用于本学科的教材，并且要善于在自己的教学中抓住学科重点实施教学。比如艺术类服装设计教育主要侧重设计艺术与设计创意的培养，其授予的学位一般都是艺术学，过去是文学学位，而未来还将会授予交叉学学位。艺术类服装设计学科的课程设置是以艺术加创意设计为核心的，比如国内八大独立的美术学院与九大独立的艺术学院，还有国内一些知名高校中的二级艺术学院、美术学院、设计学院等大都属于这类学科。这类院校培养的毕业生就业多以自主创业，高级成衣定制工作室、大型企业高级服装设计师，企业高管人员，高校教师或教辅人员居多；纺织工程类服装学科的毕业生一般都是授予工学学位，其课程设置多以服装材料研究及其服装科研研发为其重点，包括服装各类设备的使用与服装工业再改造等。这类学生在考入高校时的考试方式与艺术生是不一样的，他们是以正常的文理科考试进校的，所以其美术功底不及艺术生，但是其文化课程分数较高。这类毕业生的就业多数是进入大型服装企业担任高级管理人员、高级专业技术人员、产品营销管理人才、企业高级策划人才、高校教学与教辅人员等。高职高专与职业类服装学科的教育都是以专业技能的培养为主要核心的，其在课程设置方面就比较突出实操实训能力的培养，非常注重技能的本领提升，甚至会安排学生考取相应的专业技能等级证书。高职高专的学生相对于其他具有学位层次的高校生来讲更具职业培养的属性，在技能培养方面独具特色，主要是为企业培养实用型专业人才的，这部分毕业生更受企业欢迎。这些都是我国现行服装学科教育的现状，我们在制订教学大纲、教学课程体系、选择专业教材时都要具体研究不同类型学科的实际需求，要让教材能够最大程度地发挥其专业功能。

教材的优劣直接关系着专业教学的质量问题，也是专业教学考量的重要内容之一，所以我们要清晰我国现行的三大类型服装学科各有的特色，不可"用不同的瓶子装着同样的水"进行模糊式教育。

交叉学科的出现是时代的需要，是设计学顺应高科技时代的一个必然，是中国教育的顶层设计。本次教育部新的学科目录调整是一件重要的事情，特别是设计学从13门类艺术学中调整到了新设的学科14交叉学科中，即1403设计学（可授工学、艺术学学位）。艺术学门类中仍然保留了1357"设计"一级学科。我们在重新制订服装设计教学大纲、教学培养过程与培养目标时要认真研读新的学科目录。还需要准确解读《2022教育部新版学科目录》中的相关内容后再研究设计学科下的服装设计教育的新定位、新思路、新教材。

服装学科的教材建设是评估服装学科优劣的重要考量指标。今天我国的各个专业高校都非常重视教材建设，特别是相关的各类"规划教材"更受重视。服装学科建设的核心内容包括两个方面，其一是科学的专业教学理念，也是对于服装学科的认知问题，这是非物质量化方面的问题，现代教育观念就是其主观属性；其二是教学的客观问题，也是教学的硬件问题，包括教学环境、师资力量、教材问题等，这是专业教育的客观属性。服装学科的教材问题是服装学科建设与发展的客观性问题，这一问题需要认真思考。

撰写教材可以提升教师队伍对于专业知识的系统性认知，能够在撰写教材的过程中发现自己的专业不足，拓展自身的专业知识理论，高效率地使自己在专业上与教学逻辑思维方面取得本质性的进步。撰写专业教材可以将教师自己的教学经验做一个很好的总结与汇编，充实自己的专业理论，逐步丰满专业知识内核，最终使自己的教学趋于最大程度的优秀。撰写专业教材需要查阅大量的专业资料与数据收集，特别是在今天的大数据时代，在各类专业知识随处可以查阅与验证的现实氛围中，出版优秀的教材是对教师的一个专业考验，是检验每一位出版教材教师专业成熟度的测试器。

教材建设是任何一个专业学科都应该重视的问题，教材问题解决好了专业课程的一半问题就解决了。书是人类进步的阶梯，书是人类的好朋友，读一本好书可以让人心旷神怡，读一本好书可以让人如沐春风，可以让读者获得生活与工作所需的新知识。一本好的专业教材也是如此。

好的老师需要好的教材给予支持，好的教材也同样需要好的老师来传授与解读，珠联璧合，相得益彰。一本好的教材就是一位好的老师，是学生的好朋友，是学生的专业知识输入器。衣食住行是人类赖以生存的支柱，服装学科正是大众学科，服装设计与服装艺术是美化人类生活的重要手段，是美的缔造者。服装市场又是一个国家的重要经济支撑，服装市场发展了可以解决很多就业问题，还可以向世界输出中国服装文化、中国时尚品牌，向世界弘扬中国设计与中国设计主张。大国崛起与文化自信包括服装文化自信与中国服装美学的世界价值。"德智体美劳"都是我国高等教育不可或缺的重要组成部分，我们要在努力构架服装学科专业教材上多下功夫，努力打造出一批符合时代的优秀专业精品教材，为现代服装学科的建设与发展多做贡献。

从事服装教育者需要首先明白，好的教材需要具有教材的基本属性：知识自成体系，逻辑思维清晰，内容专业目录完备，图文并茂循序渐进，由简到繁，由浅入深，特别是要让学生能够读懂看懂。

教材目录是教材的最大亮点，十分重要。出版教材的目录一定要完备，各章节构成思路要符合专业逻辑，要符合先后顺序的正确性，可以说教材目录是教材撰写的核心要点。这里用建筑来打个比方：教材目录好比高楼大厦的根基与构架，而教材的具体内容与细节撰写又好比高楼大厦的瓦砾与砖块加水泥等填充物。建筑承重墙只要不拆不移，细节的瓦砾与砖块、承重墙是可以根据个人的喜好进行适当调整或重新组合的。这是建筑的结构与装饰效果的关系问题，这个问题放到我们服装学科的教材建设上是比较可以清楚地来理解教材的重点问题的。

纲举目张，在教学中要能够抓住重点，因材施教，要善于旁敲侧击、举一反三。"教育是点燃而不是灌输"，这句话给予了我们教育工作者很多的思考，其中就包括如何来提高学生的专业兴趣，在教学中，兴趣教学原则很值得我们去研究。从某种意义上来讲，兴趣是优秀地完成工作与学习的基础保证，也是成为一位优秀教师、优秀学生的基础保证。

本系列教材是李正教授与自己学术团队共同努力的又一教学成果。参与编写作者包括清华大学美术学院吴波老师、肖榕老师，苏州城市学院王小萌老师，湖南工程学院陈佳欣老师，广州城市理工学院翟嘉艺老师，嘉兴职业技术学院王胜伟老师、吴艳老师、孙路苹老师，南京传媒学院曲艺彬老师，苏州高等职业技术学院杨妍老师，江苏盐城技师学院韩可欣老师，江南大学博士研究生陈丁丁，英国伦敦艺术大学研究生李潇鹏等。

　　苏州大学艺术学院叶青老师担任了本次12本"十四五"普通高等教育本科部委级规划教材出版项目主持人。感谢中国纺织出版社有限公司对苏州大学一直以来的支持，感谢出版社对李正学术团队的信赖。在此还要特别感谢苏州大学艺术学院及兄弟院校参编老师们的辛勤付出。该系列教材包括《服装设计思维与方法》《形象设计》《服装品牌策划与运作》等共计12本，请同道中人多提宝贵意见。

李正、叶青

2023年6月

当今服装市场竞争激烈，品牌的生存与发展需要有现代先进理念的指导，特别是服装品牌策划在今天市场的全球化竞争中尤为重要。策划是品牌运作的指南，而结果是对策划正确与否的检验，因此我们编写了这本《服装品牌策划与运作》。

服装的同质化现象真实存在，如何满足消费者的现实需求，如何在服装品牌的产品和风格上形成企业不可替代的核心竞争力，已经成为现代服装品牌发展的主要诉求。在中国服装品牌市场上每一个企业都试图成为行业的佼佼者，而最后成功的往往都是那些懂得品牌科学策划与运作的企业。要想在服装品牌云集的市场中创建优质品牌并占据一定的市场份额，服装企业就必须充分地去了解和掌握服装品牌策划与运作的实质内容与方法。

服装品牌策划与运作是系统介绍服装品牌策划流程和服装运作、服装管理过程的综合性学科，对服装企业的发展和品牌的推广至关重要。本书立足于我国服装市场与我国服装品牌的现状，结合目前服装企业在品牌运作方面的新动向，对服装品牌从概述、调研、策划、设计到运作进行了全方位的介绍。其中包括大量的图表说明以及许多近年来的实际案例，让理论对实践更具有指导意义，力争做到系统、新颖、实用。

全书共分为七章，其中，第一章绪论为基础理论部分；服装品牌市场调研、服装品牌创立的前期策划、服装品牌的产品开发、服装品牌的传播策划、服装品牌的营销策划、服装品牌运作的管理战略六章为实践与应用部分。

本书由湖南工程学院陈佳欣老师、清华大学肖榕老师担任主编，负责全书的策划和纲要的拟定，以及全书的统稿、定稿；由苏州大学研究生卞泽天、苏州大学李正教授任副主编，负责内容统筹及修改，并协助主编进行资料收集、整理工作。由陈佳欣老师、肖榕老师、卞泽天、李正教授组成的编委会共同执笔编写各章内容。

在本书编写过程中得到了苏州大学艺术学院、清华大学美术学院、湖南工程学院纺织服装学院领导和老师们的大力支持。此外，书中选取了苏州大学艺术学院服装艺术设计、中央民族大学服装与服饰设计、南京艺术学院设计学院专业学生的优秀作品，在此向提供作品的同学们表示感谢。最后，特别感谢本系列教材出版项目负责人叶青老师的辛勤付出，以及提供相关参考资料的江南大学博士研究生陈丁丁、盐城技师学院韩可欣老师、江南大学博士研究生陈颖。

因服装行业发展迅速，服装品牌的市场数据、组合策划及运作方式更新较快，书中难免有遗漏及不足之处，敬请各位专家、读者指正。

陈佳欣

2023年6月

教学内容及课时安排

章 / 课时	课程性质 / 课时	节	课程内容
第一章 （4课时）	基础概念 （4课时）		·绪论
		一	服装品牌概述
		二	服装品牌的分类
		三	国内服装品牌现状
第二章 （8课时）	实践与应用 （56课时）		·服装品牌市场调研
		一	市场调研的意义与方法
		二	市场调研的主要内容
		三	市场调研的过程
第三章 （12课时）			·服装品牌创立的前期策划
		一	品牌命名
		二	品牌定位
		三	品牌理念与品牌风格设定
		四	品牌标志设计及注册
第四章 （12课时）			·服装品牌的产品开发
		一	流行趋势研判
		二	服装产品的设计
		三	服装设计图绘制
		四	工艺制板与成衣
第五章 （8课时）			·服装品牌的传播策划
		一	服装品牌传播的含义
		二	服装品牌传播的元素表达
		三	服装品牌传播的途径
		四	服装品牌传播中品牌认同感的塑造
第六章 （8课时）			·服装品牌的营销策划
		一	价格定位
		二	营销模式
		三	客户服务体系
第七章 （8课时）			·服装品牌运作的管理战略
		一	国际市场格局下的服装品牌趋势
		二	服装品牌运作的管理准则
		三	可持续发展下的服装品牌运作策略

注　各院校可根据自身的教学特点和教学计划对课时进行调整。

目 录
CONTENTS

第一章
绪论

课题名称：绪论

课程内容：服装品牌概述

服装品牌的分类

国内服装品牌现状

课题时间：4课时

教学目的：通过服装品牌策划与运作相关知识点的学习，使学生了解服装品牌的相关概念及具体分类，并对国内服装品牌的发展状况有一定的了解与掌握。

教学方式：1.教师PPT讲解基础理论知识，并根据教材内容及学生的具体情况灵活制定课程内容；

2.加强基础理论教学，重视课后知识点巩固，并安排必要的练习作业。

教学要求：要求学生进一步了解服装品牌的相关概念与具体分类，并能结合实际案例探讨当今的服装行业。

课前（后）准备：1.课前预习本章节，并多阅读相关书籍；

2.课后针对所学知识点进行反复思考和巩固。

品牌是市场经济条件下的产物，是关系企业成败的重要组成部分，它是经营者最为关注的重点，由此也带动了学术界的深入研究。服装品牌在当今的社会背景下，成为能够统一社会、市场、文化、心理和情感对人不同影响的一种方式，并且成为消费者用以自我表达的符号。

在进行服装品牌的策划与运作前，首先要理解策划与运作的关系：策划在前、运作在后。策划是品牌建设思想的表达，运作是品牌建设行为的体现；策划结果是品牌运作的行动指南，运作结果是品牌策划的具体落实。当确定品牌策划研究的前期框架后，需要制定相应的企业管理模式并通过一定的市场营销手段来运作品牌，最终将策划中的预期效果付诸实现。

服装品牌的发展有着其自身的特点，应在深入了解其本质、内涵及各类品牌发展现状的情况下，探讨服装品牌的基本运作规律，才能推进企业更好地开展品牌建设工作。本章将从"服装品牌概述""服装品牌的分类""国内服装品牌的现状"三个方面进行着重分析研究。

第一节　服装品牌概述

改革开放以后，部分企业开始产生模糊的品牌意识。到20世纪90年代，国家开始重视品牌建设，也正是在这个年代，我国服装品牌才开始逐步发展起来。

我国虽是全球服装生产大国，但就国际服装市场而言，本土品牌仍缺乏竞争力、缺少全球公认的世界级服装品牌。深入剖析这一现象后会发现，除了服装设计创意的总体水平相对滞后外，国内服装品牌的策划与运作能力的不足更是造成该困扰的深层原因，因此，在正式介绍服装品牌策划与运作的具体内容前，首先应对服装品牌有一个整体而系统的了解与掌握，本节从品牌相关概念的界定、服装品牌的属性、服装品牌的架构、服装品牌的价值以及服装品牌相关的法律法规几个部分对服装品牌进行概述。

一、品牌相关概念的界定

我国服装品牌的发展历史较国外相比时间更短，导致很多企业或是消费者对品牌以及相关概念的理解比较模糊和混乱，个别服装企业甚至存在分不清"品牌经营"和"产品经营"区别的现象，还仍坚持认为自己在走"品牌建设之路"。这种状况也从侧面反映出我国服装理论，特别是对服装品牌策划与运作理论方面的研究和推广存在不足。因

图1-1　菲利普·科特勒

此，建设服装品牌首先要弄清品牌的概念，才能深刻理解服装品牌打造的重要性。

（一）品牌的概念

营销学大师菲利普·科特勒（Philip Kotler），如图1-1所示，在《市场营销学》中定义，品牌是销售者向购买者长期提供的一组特定的特点、利益和服务，包含公司的名称、产品或服务的商标，品牌是具有公司独特市场形象的、能给拥有者带来溢价、产生增值的无形的资产，其载体是用以和其他竞争者的产品或劳务相区分的名称、术语、象征、符号或者设计及其组合，品牌增值的源泉来自消费者心目中形成的关于其载体的印象，承载更多的是对其产品以及服务的认可，好的品牌是企业竞争的有力手段。

如今，对于品牌的定义有着多方面的解释，品牌的概念可以从以下四个方面来进行解读。

1. 从品牌的本质属性理解

品牌的英文"brand"，源自古挪威语"brandr"，意为打上烙印，人们用这种方式来标记和区分不同生产者的产品或服务。在中世纪的欧洲，手工艺匠人用这种打下烙印的方式在工艺品上烙下印迹，以便消费者识别产品的生产者和生产地，这就形成了最初的商标，也是最初的品牌标志。如今，商标品牌已成为正规商品进入流通的必备通行证，是一种识别标志、一种精神象征，更是一种价值理念，是品质优异的核心体现。这种标记可以将其代表的产品与其他产品区别开来，具有独特性。当消费者看到品牌标记时，就知道它是什么，来自哪里，甚至产品品质和服务如何。

2. 从品牌的价值内涵理解

品牌是一种无形的财产。企业不仅可以通过产品销售和相应服务来获取利润，还可以通过提升品牌的信誉度、打造品牌价值，来获取额外的价值，这种价值的具体表现如大众的认可、市场的回报和良好的口碑。很多人会好奇某品牌的某产品价格为何如此之高，其实"高"并不只在于其设计、制板、用料、做工等方面，更在于该品牌长期的积累，其发展的每一个过程，都会注入品牌的灵魂，成为这个品牌的支柱，这就是一些品牌成为名牌，比同类品牌价格高出很多倍的原因。这种价值是品牌在发展过程中逐渐形成并不断增长的，其本身就是一种超越商品生产及其所有有形资产以外的一种资产形式，它能够帮助企业在商业活动中占据有利位置，如进行渠道扩张、授权、融资、商业谈判等。

3. 从品牌的心理学内涵理解

品牌心理学是消费者对某一名称认知度、忠诚度与归属感的综合映射。当同类品牌形成竞争关系时，消费者会倾向于通过对品牌的熟悉程度进行消费决策，也就是用认知度来决定购买行为。一旦消费者的品牌认知度建立起来，品牌与消费者就会形成一种长期的忠诚关系，当品牌还不足以使消费者对它保持忠诚时，品牌价值就无法追溯。因此，企业首先要做的是挖掘品牌所蕴含的价值点，包括体现在功能性、流行性、象征性等各个方面，而企业必须选择那些能够代表目标消费群体的共同意愿，并且能够使之统一在同一概念上的核心价值，引导消费者对品牌产生好感和需要。企业只有充分地了解和满足消费者的需求，提供优质的产品和服务，提升消费者的用户体验，才能获得消费者的信赖，从而让消费者确信这个价值是该品牌所独有的，并进一步建立起对该品牌的忠诚度和归属感。这种紧密的联系需要企业长期的投入才能形成，一旦形成，消费者在有购买需求时，便会想起这种归属感，优先考虑选择已建立忠诚关系的品牌，达到购买的目的。

4. 从品牌的市场营销理解

品牌是人们消费的重要选择坐标，是一种具备特有性、价值性、长期性、认知性的识别系统。当今，消费是一种受社会和市场影响的行为，社会通过劳动分工产生阶级，而市场则通过细分把不同阶层的人汇集到一起，这种汇集意味着这群消费者有着相似的生活方式。但由于这个时代的多元化趋势，同一类型的消费者并不一定属于同一个阶层，也不一定在收入、职业、受教育水平等个人背景方面相似或相同，而是由于生活习惯、价值观念等被社会"同化"。因此，社会和市场两者在本质上是一致的，消费者是市场上的决定性力量，但绝不是决定市场结构和消费模式的力量，他们被无数的品牌锁定，每个人都被当作目标销售对象。在交织着社会和市场两方面游戏规则的日常生活中，人们必须选择一种适合自己的生活方式，而生活方式又是通过某种消费观念来体现的，人们只能依靠品牌来降低自己与社会坐标相互契合的成本，而品牌往往能够回报给消费者更多的快乐与满足。

综上所述，品牌不是单纯的识别物或称谓，而是企业的商标、历史、文化、形象、价值的综合体，不能一概而论。

（二）服装品牌的概念

服装品牌是诸多品牌门类中的一个类别，是指以服装产品为载体的品牌形式，是关于"服装的"品牌，其品牌运作方式必须符合服装产品的特点。狭义上的服装品牌只是一个具有认知意义而非物质状态的产品符号，通常情况下，其识别意义远胜于实物产品。它是以消费者为主体的社会公众对服装企业推行的产品和服务所建立起来的内在质量和外在特征的综合反映，也是对服装企业的品牌文化和社会责任等方面集中

图1-2　香奈儿品牌2022秋冬高级定制系列

图1-3　路易威登品牌2022秋冬高级成衣

图1-4　博柏利品牌2023春夏高级成衣

评价的聚焦对象。

早期的服装生产完全是手工业者的个人劳动，一直没能形成真正的品牌，直到20世纪初，由于商品经济的发展和市场需求的变化，服装品牌才逐渐出现。市场的发展和服装文化的积淀使一些品牌在经营过程中逐渐树立起良好的形象和很高的知名度，消费者开始以品牌所蕴含的价值观念来选购服装。例如，香奈儿（Chanel），如图1-2所示，其品牌代表一种简单舒适的奢华新哲学，体现女人的勇敢与大胆；路易威登（Louis Vuitton），如图1-3所示，其品牌表现的是精致、品质、舒适的"旅行哲学"，在传统的法式优雅中融入时尚色彩；博柏利（Burberry），如图1-4所示，其品牌具有浓厚的英伦文化与风情，是奢华、品质、创新以及永恒经典的代名词；普拉达（Prada），如图1-5所示，其品牌坚持的是对品质永不妥协的理念和对新创意的不懈追求。

在当今社会背景下，服装品牌同众多其他品牌一样，已经成为能够统一社会、市场、文化、心理的一种方式，并且构建了消费者能够实现的愿望和不能实现的梦想，从而成为消费者用以表达自我的符号。因此，良好的服装品牌策划与运作已成为所有服装经营者取得成功的必备因素。

二、服装品牌的属性

服装品牌是消费者自身个性在产品上的客观反映，品牌属性通过吸引相同特质的人

群，或给人留下深刻的印象以赢取消费者的共
鸣，博得消费者的青睐。品牌与消费者两者建
立情感联系有助于进一步提升品牌形象。如今，
人们的生活越来越强调个性化，服装品牌的属
性实质上也是主张一种个性化的生活态度，没
有品牌属性很难引起消费者的共鸣，也就很难
建立品牌的忠诚度。

图1-5　普拉达品牌2022秋季成衣时装秀

（一）服装品牌的视觉形象属性

服装品牌最先能引起消费者注意的就是它的视觉形象属性，这一属性能在消费者心
中形成整体印象，直接影响着消费者对品牌的认知和情感反应。因此，拥有独特的品牌
形象更有利于服装品牌在激烈的市场竞争中脱颖而出。

如提及博柏利就能想到浓烈的英伦色彩、精湛的工艺和别致的设计风格，如
图1-6所示；提及克里斯汀·迪奥（Christian Dior），呈现在眼前的就是一个精致而高
雅的时尚女性形象，如图1-7所示；提及古驰
（Gucci），超越传统、类型和标签的自由气息扑
面而来，展示着古典文艺与多元文化嫁接改造
的恋物主义姿态，如图1-8所示。

图1-6　博柏利品牌2022秋冬系列

图1-8　古驰2023早春度假系列时装秀

图1-7　克里斯汀·迪奥品牌2022春夏系列

图1-9　王薇薇2021春夏纽约婚纱礼服系列

图1-10　李宁品牌2020春夏系列

提及王薇薇（Vera Wang）就能联想到华美与浪漫的婚纱、精巧的做工、良好的声誉，如图1-9所示。鲜明的视觉形象属性能够在消费者的脑海中形成一个既定的印象，牢牢地抓住消费者的心，成为品牌最好的宣传内容，从而形成消费者对品牌的忠诚。

（二）服装品牌的文化形象属性

服装品牌作为一种特定的文化载体，在市场竞争中，除了产品本身的设计、品质和价格等方面的竞争外，其文化形象属性也起着重要的作用。服装品牌的文化形象属性是消费者对其整体的认知与评价，涵盖了品牌的价值观、品牌故事、品牌传承和品牌认同等方面，对消费者的情感共鸣和品牌忠诚具有重要影响。

1. 品牌故事

品牌故事是服装品牌的核心内容，它能够让消费者与品牌产生情感共鸣，建立起一种特殊的关系。品牌故事可以源自品牌的创始人、品牌的历史渊源、品牌的独特设计理念等。一个有深厚文化底蕴的品牌，一定拥有符合自身价值观念的独特文化形象，通过讲述品牌故事，吸引更多的潜在客户。以服装品牌李宁（LI-NING）为例，其品牌故事融合了创始人李宁的个人传奇和中国传统文化元素。李宁作为中国体操运动的传奇人物，他的个人成就和奋斗精神成为李宁品牌的核心故事，品牌通过讲述李宁的故事，传达了追求卓越、坚持不懈的价值观，塑造了李宁品牌积极向上、挑战自我的形象，赢得了消费者的认可和喜爱，如图1-10所示。

2. 品牌价值观

品牌的价值观是品牌文化的重要组成部分，它代表了品牌所追求的核心价值和信念。服装品牌通过明确的价值观表达自己对社会、环境和消费者的责任和承诺，塑造了独特的文化形象。以服装品牌七匹狼为例，品牌与时代的人文精神相契合，代表对智慧、品位、时尚、积极的生活方式的追求，希望激励人们人生价值的自我实现，引领积极向上的人生态度，营造具有社会责任感的、积极的社会价值观氛围。同时，品牌十分注重产品的品质和工艺，强调精细制作和细节追求，以此打造高品质形象，这种价值观的传达使七匹狼品牌在消费者心中建立了一种稳定、可靠和有质感的形象，如图1-11所示。

图1-11　七匹狼品牌的广告宣传（图片源于微信公众号）

3. 品牌传承

品牌传承是指品牌在发展过程中对自身文化价值的保持和传承。服装品牌的传承能够赋予品牌历史和文化的沉淀，为品牌赋予独特的文化形象。以品牌HUI为例，HUI是艺之卉时尚集团历经十年稳健发展之后，针对高端消费人群和国际市场创立的又一高档女装品牌，如图1-12所示。品牌坚持打造具有东方美学气息的国潮女装，扎根中国传统服饰文化，传承东

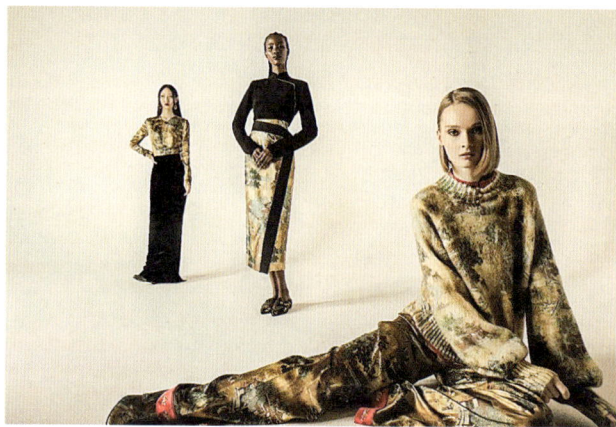

图1-12　充满东方美学气息的国潮HUI品牌（图片源于微信公众号）

方精致美学理念，以现代制造工艺，萃取中国色和中国工艺的精华，通过匠心定制，复兴中国传统文化，为每个HUI女人打造专属的东方女性美。品牌通过对传统文化的传承和创新，使其在国内外市场上都具有独特的文化魅力，赢得了消费者的喜爱和认同。

4. 品牌认同

品牌认同主要指的是消费者对品牌的认知度、接受度和忠诚度，主要可以通过品牌标志、品牌形象代言人、品牌活动等多种方式来构建，以形成消费者对品牌的认同。以品牌安踏（Anta）为例，其品牌标识融入了自然与人体结构的元素，形象独特而富有力量感，与品牌追求的"体育精神、自信自强"的价值观相契合。品牌还邀请多位国际知名体育明星作为代言人，通过与体育明星合作和活动的方式，以提升品牌的知名度和社会认同感。

三、服装品牌的架构

服装品牌的构架是指一个企业需要多少个品牌、品牌与品牌之间应建立怎样的关系等问题，可以看出服装品牌架构贯穿在整个企业的市场策略之中，是企业良好发展的重要保证。如果一个企业不能理性地看待自己，盲目地、无限制地建立或者延伸自己的品牌，其后果是非常危险的，可能会造成品牌危机，这是一种不当运用品牌资产的行为。

（一）品牌架构的作用

品牌的建立和传播必须要有实质性的内容加以支撑，如有知名度的企业、产品线路、品牌理念等。产品是企业商业策略的关键，建立好品牌是产品成功走向市场的前提，这就需要在商业策略后面有一个品牌策略去整合所有的方面，包括企业的产品、管理、广告、公关以及其他与品牌相关的行为。可见，品牌的架构能以组织结构作为一个系统的整体去构建与传播者、旗下各部门以及战略联盟之间的关系。

为了获取更大的市场份额，很多企业不惜扩张组织系统以并购或开设二线、三线品牌的方式来扩大市场，但相对应地，扩张之后的经营成本、管理难度、风险及其复杂性也同时大大增加，显然，单一品牌面临的风险要小得多。总之，面对快速变化的市场，企业品牌运作要先确定好架构，确定集团公司、子公司、企业各部门、品牌产品线等各自的职能，再发挥整体的综合效能。

（二）服装品牌架构的类型

从市场化角度看服装品牌架构的类型，一般有单一品牌架构、子品牌架构、多品牌架构和系列品牌架构这四种类型。四种类型都是服装企业常用的市场策略，只是由于经营理念和品牌定位策略不同而有所选择。

1. 单一品牌架构

单一品牌架构是指公司只经营一个品牌，并将所有产品都以该品牌进行销售，这种架构类型适用于有独特品牌形象和定位的服装品牌，更具有针对性，目标也更明确。如香奈儿品牌运用的就是单一品牌架构策略，其产品种类繁多，有服装、珠宝饰品及其配件、化妆品、香水等，以单一品牌集中打造，使每一种产品都闻名遐迩，特别是它的时装和香水，如图1-13所示。

图1-13 香奈儿品牌的 N°5 香水

2. 子品牌架构

子品牌架构是指公司在主品牌下创立不同的子品牌，每个子品牌有独立的品牌形象和定位，这种架构类型可以满足不同市场细分和消费者群体的需求。

3. 多品牌架构

多品牌架构是指公司在不同市场和细分领域运营多个独立的品牌，每个品牌都有自己的品牌形象、产品线和定位。酩悦·轩尼诗－路易威登集团是一个国际奢侈品集团，旗下拥有多个独立的服装品牌，如路易威登、克里斯汀·迪奥、高田贤三（Kenzo，图1-14）、纪梵希（Givenchy）等。每个品牌都有独立的品牌形象和定位，满足不同消费者群体对奢侈品的需求。

图1-14　高田贤三品牌2020春夏巴黎男装周

4. 系列品牌架构

系列品牌架构是指公司在一个品牌下推出多个系列，每个系列有独立的设计风格和定位，满足不同消费者的需求。如拉夫·劳伦（Ralph Lauren）是一家美国奢侈时尚品牌，采用系列品牌架构，品牌陆续推出"Polo Jeans Company"牛仔系列、"Polo Sport"年轻休闲系列，以及专为上流社会女性打高尔夫球而设计的"Ralph Ralph Golf"。每个系列有独立的设计风格和定位，满足不同消费者对时尚的需求。

四、服装品牌的价值

服装品牌在社会中扮演着重要的角色，不仅满足了消费者外在穿着的需求，更是代表了一种价值观和身份认同。服装品牌的经济价值、文化价值和美学价值是相互关联、相互影响的，共同构建了品牌的独特魅力和市场竞争力。

（一）经济价值

1. 就业机会和经济增长

服装品牌的存在和发展为整个产业链带来了经济增长和就业机会。从原材料采购、生产制造到销售和物流等环节，服装品牌的活动涉及多个领域和职业，为社会创造了大量的就业机会，品牌的建立也促进了供应链的发展和优化，从而进一步推动了经济的增长。

2. 品牌溢价和利润增长

成功的服装品牌通常能够以较高的价格销售其产品，建立起品牌溢价，从而实现更高的利润率和市场竞争力。通过提供高品质的产品、独特的设计和良好的品牌形象，也能够赢得消费者的支持，实现销售额和利润的增长。

3. 市场竞争力和品牌资产

一个成功的服装品牌拥有强大的市场竞争力和品牌资产，品牌的知名度、认可度、声誉决定了其在市场上的地位和竞争优势。成功的品牌能够建立起消费者对品牌的信任和忠诚，从而形成品牌资产和市场份额。资产的增加不仅带来了经济回报，还为品牌提供了更多的发展机会和扩展领域。

（二）文化价值

1. 个人表达

服装品牌通过独特的设计风格、品牌故事和文化内涵，与消费者建立起了情感连接和共鸣，消费者通过穿着特定品牌的服饰，表达自己的个性、价值观和生活方式。

2. 文化传承

服装品牌通过产品设计和品牌传播，可以成为文化传承和表达的载体，给消费者传递特定的文化信息和身份认同，并引领和影响消费文化的发展。

（三）美学价值

1. 美学追求和审美享受

服装品牌追求和发掘自己的美学价值可以通过独特的设计语言、色彩搭配和材质选择，创造出具有美感和吸引力的服装，展示设计师的创造力和艺术才华。服装设计不仅是简单的功能性满足，更是一种艺术表现形式，品牌通过艺术性的设计和独特的审美，给消费者带来与众不同的审美享受和艺术体验。

2. 品牌形象和美学体验

一个成功的服装品牌不仅要供应优质的产品，更应提供消费者愉悦和独特的品牌体验。品牌通过营造独特的购物环境、个性化的服务和与消费者的互动，创造出与众不同的消费者体验，这种品牌体验不仅提供美学上的愉悦和满足，也赢得了消费者的青睐和忠诚。

五、服装品牌的相关法律法规

服装品牌的相关法律法规是服装品牌最有力、最权威的保障，经营者不仅需要自觉遵守法律法规，更应当拥有运用法律手段维护品牌的能力。

（一）相关法律法规保护的重要性

未来的市场竞争，是品牌战，而不是商品的价格战。商品是无生命的物品，但品牌赋予它们以灵魂和价值，品牌将成为连接文化、商品和消费者的核心要素。对于服装市场也是如此，服装品牌的发展有助于形成规模庞大、实力雄厚的服装企业，所以服装品牌的法律法规保护就显得尤为重要。

在服装品牌创立初期，从法律保护、法律措施开始，采用各法律手段可以使品牌的外部标志被识别并受法律保护，使商品或服务符合法律，并通过服装品牌安全和直观的外在形象，向消费者传达品牌的精神；在服装品牌发展阶段，法律保护注重在品牌扩张过程中的稳定性，能够规避品牌扩张后带来的经营风险，并保证品牌扩张的质量和安全性。

（二）相关法律法规的立法现状

服装品牌在运作过程中需要遵守各种相关法律法规，这些法律法规旨在维护市场秩序、保护消费者权益、促进行业健康发展。比如有伪造行为的，可以根据《中华人民共和国产品质量法》《中华人民共和国消费者权益保护法》《中华人民共和国商标法》（以下分别简称为《产品质量法》《消费者权益保护法》《商标法》），通过民事诉讼的方式追究侵权者的责任，并通过侵权赔偿以使侵权者付出代价，直接击打侵权人的要害，以遏制仿冒品的泛滥；为了应对共同侵权，可通过《中华人民共和国知识产权法》（以下简称《知识产权法》）保护自己的品牌权利等。以下对服装品牌的相关法律法规进行介绍。

1.《商标法》

《商标法》规定了商标的注册、使用、保护和维权等。品牌应该积极申请商标注册，以确保品牌的独特性受法律保护，商标注册可以有效地防止他人使用相同或相似的商标，以保护品牌的知名度和商誉。

2.《反不正当竞争法》

《中华人民共和国反不正当竞争法》（以下简称《反不正当竞争法》）旨在维护市场秩序和公平竞争。品牌应该遵守《反不正当竞争法》规定的行为准则，包括不进行虚假宣传、不恶意诋毁竞争对手、不侵犯商业秘密等。此外，品牌还应该防止商业诋毁、恶意比较和虚假广告等不正当竞争行为。

3. 消费者权益保护法律法规

（1）《消费者权益保护法》:《消费者权益保护法》规定了消费者的权益和品牌的责任。品牌应该提供真实、明确的产品信息，保证产品的质量和安全，提供合理的售后服务和维修保障，品牌还应该遵守对价格欺诈、虚假宣传和强制搭售等行为的禁止规定。

（2）《产品质量法》:《产品质量法》规定了产品的质量标准和合格认证要求。品牌需要确保产品符合相关的质量标准，并承担相应的质量责任，在生产过程中，品牌应该进行质量控制，确保产品质量和安全性，避免出现质量缺陷和不合格产品。

4. 劳动相关的法律法规

（1）《劳动合同法》:《中华人民共和国劳动合同法》（以下简称《劳动合同法》）规定了雇主与员工之间的权益和责任。品牌应该与员工签订合法有效的劳动合同，明确双方的权益和责任，合同中应包含工作内容、工资待遇、工作时间、休假制度等关键条款，以确保劳动关系的合法性和公平性。

（2）《劳动保障法》:《中华人民共和国劳动保障法》（以下简称《劳动保障法》）规定了劳动者的基本权益，包括工资支付、工作时间、休假制度、社会保险等。品牌需要按照法律规定，为员工提供合理的工作条件和保障措施，品牌还应该缴纳社会保险费用，为员工提供社会保险福利。

5. 知识产权相关的法律法规

（1）《专利法》:《中华人民共和国专利法》（以下简称《专利法》）保护发明和创新的知识产权。品牌应该尊重他人的专利权，不侵犯他人的发明专利和设计专利，在产品设计和研发过程中，品牌应该避免使用他人的专利技术，确保自身知识产权的合法性和独立性。

（2）《著作权法》:《中华人民共和国著作权法》（以下简称《著作权法》）保护文学、艺术、音乐、设计等领域的创作权益。品牌在广告宣传、产品包装、品牌标志等方面应该尊重他人的著作权，不侵犯他人的著作权，品牌还可以申请自己的设计和创作作品的著作权，以保护自身的知识产权。

6. 环境保护相关的法律法规

（1）《环境保护法》:《中华人民共和国环境保护法》（以下简称《环境保护法》）规定了企业在生产经营过程中需要遵守的环境保护标准和责任。品牌应该积极采取环境保护措施，减少生产过程中的环境污染和资源浪费，合规处理废弃物、减少污水排放、控制噪声污染等。

（2）《废弃物管理办法》:《废弃物管理办法》规定了废弃物的处理和再利用要求。品牌应该按照法律规定，对废弃物进行分类、储存和处理，同时积极推动废弃物的资源化利用，减少对环境的负面影响。

在服装品牌的运作过程中，遵守相关的法律法规是必须的，服装品牌应该建立健全的法律法规体系，加强内部法律意识和培训，确保员工和合作伙伴都了解和遵守法律法规；定期开展品牌产品相关的主要流通市场的专项清查，坚决打击品牌侵权假冒行为；还应与专业法律团队合作，及时了解最新的法律动态，确保自身在法律层面的合规性和风险防范。

第二节　服装品牌的分类

众多服装品牌的诞生加快了服装行业的竞争和发展，从满足市场需求的角度出发，服装品牌有着不同的类别，每一个类别都有其自身的特点，服装经营者应该根据不同类别的特点来确定品牌发展的方向及路线。服装品牌的分类有多种方式，这里着重介绍按层次、性别、品种三种分类方式。

一、按层次分类

服装品牌按层次可分为高端品牌（High-end Brands）、中端品牌（Mid-range Brands）和低端品牌（Low-cost Brands）三大类。通常情况下，产品品质与产品成本有关，因此，品牌的层次往往代表了产品的品质与售价。

1. 高端品牌

此类品牌的产品制作成本高，品牌形象好，价格昂贵，一般在高档商场里驻有一流的专卖柜，如爱马仕（Hermès）、香奈儿、路易威登、巴黎世家（Balenciaga）、乔治·阿玛尼（Giorgio Armani）等品牌。

法国奢侈品品牌爱马仕（Hermès），由蒂埃利·爱马仕（Thierry Hermès）于1837年在法国巴黎创立，品牌拥有皮具和马具、女士丝制品、男士丝制品、女士成

图1-15 爱马仕品牌高级成衣

图1-16 Y-3品牌2021纽约时装周春夏成衣系列

图1-17 盖璞品牌旗舰店形象

衣、男士成衣、鞋履、腰带等十六大工艺部门。爱马仕一直以精美的手工和贵族式的设计风格立足于经典服饰品牌的巅峰，始终秉承着品牌的手工艺模式及人文价值观。创业者精神、创作的自由、对精美材质的追寻、传承六代的精湛手工，造就实用、优雅、经得起考验的物件，也造就爱马仕的品牌特质，如图1-15所示。

2. 中端品牌

此类品牌的产品制作成本不是特别高，但比较强调流行要素，价格中等，一般是服装市场的主流品牌。例如，卡尔文·克莱恩（Calvin Klein）、保罗（Polo）、Y-3、皮尔·卡丹（Pierre Cardin）等品牌。

Y-3是由世界顶级设计师山本耀司（Yohji Yamamoto）担任创意总监与阿迪达斯（Adidas）合作的全新品牌。品牌正式于2006年进入中国，品牌的Y代表山本耀司，3则代表阿迪达斯三条线的标志。创意总监山本耀司将其个人品牌的简洁、极具设计感的风格融入Y-3，完美地展现了时尚运动品牌形象，正如时尚的本质是运动的，Y-3开启了新的时尚主义，如图1-16所示。

3. 低端品牌

此类品牌的产品价格较低，品牌形象不够完整，价格偏低，一般在低端商场内设有专柜，如卡帕（Kappa）、盖璞（Gap）、ONLY、Bershka等品牌。

盖璞是知名的美国休闲服装品牌，如图1-17所示。品牌于2010年10月正式入驻中国，中文名为"盖璞"。品牌服饰带给人们的是一种休闲的气质，让无拘无束的青年能够尽情地享受自然、舒适的生活，因其简约、实用的设计和相对较低的价格而广受欢迎，产品类别包括基础款服装、牛仔裤、家居服等。

二、按性别分类

服装品牌按性别可分为男装品牌、女装品牌、中性品牌三大类。

1. 男装品牌

男装品牌在数量上不如女装品牌多，但在单个品牌经营规模上都往往超过女装品牌。如海澜之家（HLA）、雅戈尔（Youngor）、波司登、雨果·博斯（HUGO BOSS）、杰尼亚（Ermenegildo Zegna）等品牌。

海澜之家成立于2002年，打造高品质服装的同时保证价格亲民，经过二十年的打磨，成长为家喻户晓的服装品牌，如图1-18所示。官方公开资料显示，该品牌在全国的门店已超5000家，线上会员超4000万。从"男人的衣柜"到"服装国民品牌"，海澜之家坚持做令中国消费者放心、有陪伴感的国货品牌，不断与国人共情共振，共同成长。近年，海澜之家在逐渐减少西服等传统商务装的占比，着重打造商务休闲产品，也在以多品类进军的方式，开拓除传统商务、休闲男装以外的业务。

图1-18　海澜之家

2. 女装品牌

女装品牌在服装品牌总数中所占比例最高，如缪缪（Miu Miu）、例外（EXCEPTION de MIXMIND）、玛丝菲尔（Marisfrolg）、东北虎（NE.TIGER）、衣恋（E-LAND）、欧时力（Ochirly）等品牌。

例外是中国知名的原创设计品牌，以简约、时尚而不失专业感的设计风格而受到青睐，如图1-19所示。该品牌相信女人没有缺点只有特点，衣服是表达个人意识与品位素养的媒介，为当代中国女性展示一种现代的生活态度：知性而向往心灵自由；独立并且热爱生活，对艺术、文学、思潮保持开放的胸襟；从容面对自己、面对世界，懂得享受生活带给她的一切并游刃自如。例外凭借特立独行的哲学思考与美学追求，成功地打造了一种东方哲学式的当代生活艺术，更赢得海内外各项殊荣与无数忠诚顾客的青睐。

3. 中性品牌

中性品牌有维特蒙（Vetements）、山本耀司（Yohji Yamamoto）、拉德·胡拉尼（Rad Hourani）、伯喜（Bosie）等。

日本服装设计师山本耀司，与川久保玲（Rei Kawakubo）、三宅一生（Issey Miyake）被称为日本时尚界的三驾马车，他表示："我认为'创造事物'的本身就是'破坏事物'"，并对女装设计的传统观念产生极大的冲击。他深受19世纪服饰美学的影响，紧身胸衣、箍圈等残害女性身体与心理的观念与现象给了他极大的启发，将女性的身体塑造成理想的轮廓是他的审美理想。他认为女性不需要为了讨好和取悦男性去穿着露骨紧身的衣服，两性正确的关系应该是生来就平等的，这也与女性主义思想不谋而合。反抗完美无缺的形式，反抗传统的价值观，他称自己为"反时尚"的，并不断把男装设计元素造型以解构的形式融入女装，将女性的三围曲线隐藏，颠覆服装与人体之间的关系，给予女性舒适随意的着装体验，如图1-20所示。

图1-19　例外品牌

图1-20　反时尚的山本耀司品牌

三、按品种分类

服装品牌按品种可分为衬衣品牌、西装品牌、风衣品牌、毛衫品牌、大衣品牌、皮衣品牌和裤装品牌七大类。

1. 衬衣品牌

衬衣品牌有乔治·阿玛尼、先驰（Davide Cenci）、普莱诗（J.Press）等。

乔治·阿玛尼衬衫在男装中享有至尊地位，衬衫风格宽松随意，但用料取材却十分考究，如图1-21所示。品牌采用的面料包括亚麻、埃及棉、丝绸、羊毛、黏胶纤维，甚至开司米。阿玛尼套装从休闲到正装拥有多种风格，每种款式都有对应系列的衬衫，衬衫领子有纽扣式、敞角式、无领式和按扣式，袖子有常规和加长两种袖长。阿玛尼的衬衫都是在意大利由机器缝制出来的，独具匠心的面料挑选和设计，是阿玛尼的特色之一。

图1-21　乔治·阿玛尼品牌2019秋冬系列衬衫

2. 西装品牌

西装品牌有卡尔文·克莱恩（Calvin Klein）、拉夫·劳伦、杰尼亚、利郎等。

拉夫·劳伦是成立于1967年的高级时装奢侈品牌，迎合了顾客对上层社会完美生活的向往，品牌定位于追求舒适、低调高级感的人士，不张扬且奢华有内涵。品牌西装剪裁经典利落，肩线挺括但不显生硬，最经典的是平驳领样

图1-22　拉夫·劳伦品牌2022秋冬系列西装

式，全衬里，收腰剪裁，穿着合身且塑形效果较好，如图1-22所示。拉夫·劳伦的产品无论是服装还是家具，香水还是器皿，都迎合了顾客对上层社会完美生活的向往，正如拉夫·劳伦先生本人所说："我设计的目的就是去实现人们心目中的美梦——可以想象到的最好现实。"

3. 风衣品牌

风衣品牌有博柏利、伦敦雾（LONDONFOG）、Mackintosh、Barbour等。

博柏利的风衣有四大系列，即Prorsum系列、London系列、Heritage系列和Brit系列。如果风衣领标上是Burberry Prorsum字样，就代表这是伦敦时装周上的走秀系列，这是品牌根据每一季的流行趋势，设计得最特别、最时髦的款式，Prorsum系列用料华贵，纯羊绒、纯初羊毛、纯羊驼毛都很常见，可媲美其他意大利、法国一线品牌。如果领标上的字样是Burberry London，那么就说明这是最具英伦风、最优雅的一条成衣线，London系列不像Prorsum系列那样具有先锋性，但却成熟精致，

图1-23 博柏利品牌2022高级成衣

图1-24 鄂尔多斯品牌善系列的男士商务羊毛衫

更适合正式场合，尤其是商务场合，如图1-23所示。Heritage系列是博柏利风衣中最重要、最受欢迎的系列，也就是大家常说的经典款，Heritage的意思是"传统、遗产"，该系列继承了品牌百年来英格兰手工制作所有的完美细节和精髓。Brit系列则面向更年轻的消费者，属于休闲系列，面料有防雨蜡脂棉和塔夫绸等，尺寸也要比London系列稍大些，设计上更加年轻化。

4. 毛衫品牌

毛衫品牌有鄂尔多斯（ERDOS）、米索尼（Missoni）、恒源祥、雪莲等。

鄂尔多斯是中国改革开放之后诞生的第一批民族品牌，建立于1980年，于1989年率先在中央电视台黄金时段投放广告，使"温暖全世界"的品牌广告语家喻户晓。1999年，鄂尔多斯品牌经国家工商局（今国家市场监督管理总局）认定，获得纺织行业的第一个"中国驰名商标"称号。该品牌始终坚持着"立民族志气，创世界名牌"的企业理想，以"让全世界知道最好的羊绒在中国，最好的羊绒品牌是鄂尔多斯，让鄂尔多斯温暖全世界"为发展目标，如图1-24所示。品牌通过与艺术家、设计师跨界合作的联名款，以及品牌代言人、明星伙伴的影响力，加上使用新型环保材料、推动再生羊绒制品的研发和销售等方式持续发声，宣扬草原永续、天然环保等可持续发展理念。进入新的发展阶段后，鄂尔多斯依旧将品牌建设作为高质量发展的重中之重，致力厚植品牌优势，提升品牌影响力，除了继续在羊绒品牌绿色生产、绿色设计、绿色增长方面精耕细作，还大力提升品牌国际化、时尚化水平和市场影响力。

5. 大衣品牌

大衣品牌有乔治·阿玛尼、麦丝玛拉（MaxMara）等。

麦丝玛拉是意大利奢侈品牌，以其高质量的大衣和经典的设计而闻名，如图1-25、图1-26所示。101801大衣，诞生于1981年，选用意大利羊绒和羊

图1-25　意大利大衣品牌麦丝玛拉1

毛，双排扣设计搭配和服袖，饰有记载大衣故事
的标牌，慵懒风格与超大轮廓使它成为均匀比例
的大衣；泰迪熊大衣灵感源于创意总监研究品牌
档案史的发现，重新研发出以丝绸为衬底，采用
天然驼绒制成的人造皮草面料，慵懒茧型廓型
与蓬松丰厚的短驼绒材质，诠释了奢华的制作
工艺。

6. 皮衣品牌

皮衣品牌有古驰、路易威登、芬迪（FENDI）、
Schott NYC等。

Schott NYC是美国的经典皮衣品牌，专注于

图1-26　意大利大衣品牌麦丝玛拉2

制造高品质的皮衣，以经典的马鞍款式和摩托车款
式的皮夹克而闻名，追求时尚和耐久性的完美结合，每一件Schott NYC夹克都承载了
公司90余年的传奇历史。品牌于1928年设计并生产了第一款摩托夹克，因其出色的
耐用性和狂野的设计几乎立即就征服了市场，并很快成为"摩托车时代"激情、冒险和
桀骜不逊的代名词。

7. 裤装品牌

裤装品牌有李维斯（Levi's）、卡尔文·克莱恩、盖尔斯（GUESS）等。

李维斯是著名的牛仔品牌，作为牛仔系列服装的"鼻祖"，象征着野性、刚毅、叛
逆的开拓者精神。品牌历经一个半世纪的风雨，从美国流行到全世界，并成为全球各地
男女老少都能接受的时装。靛蓝牛仔斜纹布、腰后侧的皮章、裤后袋上的弧线、铆钉、
独有的红旗标等都是品牌的特点。对于很多养牛仔裤的人来说，最早接触的应该是501
Shrink-To-Fit（STF）这个款型，从字面理解就是说可以一步一步缩水到适合身材的

牛仔裤，如图1-27所示。如今，这条裤子已成为新手"养牛"的入门必购款，其独特的品牌历史也是消费者青睐的原因之一。

图1-27　李维斯品牌的501款型牛仔裤

第三节　国内服装品牌现状

　　中国是全世界最大的服装生产加工基地，全世界每三件服装，其中一件就来自中国。近几年中国的服装业有着较大的发展，在推动中国国民经济发展的同时，已进入转型调整期，这一时期的中国服装行业面临着消费不断升级、需求趋向多元的新变化，给现阶段国内服装品牌带来了前所未有的压力。同时，我国消费者的消费理念已经发生转变，消费更趋理性，消费者变得越来越年轻化、个性化、国际化，更加注重产品的品质和满足个性化需求。本节将从国内服装品牌的运营现状和发展趋势两部分对国内服装品牌的现状进行分析、研究。

一、国内品牌的运营现状

　　2021年10月，中国服装协会发布的《中国服装行业"十四五"发展指导意见和2035年远景目标》中提出："到2035年，在我国基本实现社会主义现代化国家时，我国服装行业要成为世界服装科技的主要驱动者、全球时尚的重要引领者、可持续发展的有力推进者。"可见，掌握国内品牌的运营现状极为重要。

（一）女装品牌

女装行业是中国服装产业的重要组成部分，女装行业的发展对我国服装业的整体发展起着举足轻重的作用。行业数据显示，国内女装行业产能主要集中在珠三角、长三角等地。其中，华南区域的市场供给占比26%，华东地区占比22%，华北、华中、东北、西南、西北分别占比17%、10%、13%、7%、5%。女装市场已经成功占据了服装行业的半壁江山。

在2010年前后，女装的市场规模仅有6000多亿元，发展到2019年，突破了万亿元大关。然而，到了2020年，女装市场规模大幅下降至9407亿元，跌破万亿元大关。同年，我国高端女装行业增长趋势明显，高端女装在整体女装市场占比逐步提升，其中2020年市场规模约占整体女装市场的23%，市场规模逐步扩大，正处于增长阶段。直到2021年，中国女装市场重返万亿元规模。

近年来，我国女装品牌的运营现状主要表现为以下几点：

1. 品牌众多，行业集中度分散

从需求端看，随着国民收入水平的提高，女性消费者对服装的个性化需求越来越高，不同类型的消费者穿着品位的差异也逐步增大，为了满足女装市场更加细分化的需求，潮牌、淘品牌、快时尚、轻奢女装、日韩女装和设计师品牌等相继出现。这种形势导致我国目前的女装品牌数量增长率持续增高，如图1-28所示，呈现出品牌众多，竞争激烈，行业集中度分散，各个品牌的市场占有率普遍较低的现状，长期呈现集中度低的分散竞争格局。

图1-28　2015~2021年中国女装企业数量及占比情况

从供给端看，相较于发达国家，国产女装品牌发展时间较短，在品牌力、产品力及渠道等方面尚未形成明显的竞争优势，使行业集中度较低。

从女装市场集中度来看，2022年5月女装类商品零售额排名前十位的品牌有雅莹（EP YAYING），如图1-29所示，哥弟（GIRDEAR）、朗姿（LANCY）、之禾（ICICLE）、阿玛施（AMASS）、珂莱蒂尔（Koradior）、玖姿（JUZUI）、维莎

曼（VERO MODA）、ONLY、娜尔思（NAERSI），其市场品牌综合占有率合计为13.22%，同比下降1.29个百分点，环比下降0.18个百分点。市场集中度较低，市场格局较为分散。不过近10年来，随着女装品牌企业不断发展，我国女装行业集中度呈现上升趋势，但提升速度缓慢，且集中度处于较低水平。

图1-29 雅莹品牌2020高级定制发布会

2. 缺乏自主创新

多数女装品牌的设计能力仍然偏弱，"相互模仿"的现象成为服装行业的通病。由于很多品牌没有明确的定位、知识产权意识薄弱，致使跟风雷同的现象层出不穷，市场上很多服装品牌，特别是畅销品牌，都在设计风格上有着类似之处。中高端女装在充分意识到需要依靠独具特色的设计才能吸引高净值客群这一点之后，本土高端女装品牌逐渐开始注重产品研发。2020年，研发投入方面，朗姿、安正、锦泓投入相对较高，分别为0.93亿元、0.71亿元、0.67亿元；研发人员方面，欣贺、朗姿、安正自有研发人员相对较多，分别为417人、327人、308人。近两年，以欣贺股份、歌力思为代表的本土高端女装企业还通过跨界合作、IP联名、专题策划等创新且符合品牌调性的方式，大幅提升品牌影响力。

3. 品牌扩展运作规模

国际品牌想要加快入驻中国的进度，需要先在中国寻找有实力的合作伙伴，而本土品牌通过自创品牌、培育子品牌的方式扩张市场时则需要漫长的时间，基于这两大现实因素，投资或收购国际成熟品牌并在中国进行运作，这就成为本土高端女装品牌的扩张商机。

歌力思在2017年年报中声称，公司完成了对法国轻奢设计师品牌IRO及美国设计师品牌VIVIENNE TAM的收购，拓展了高端品牌阵容，初步完成了由单一品牌向多品牌时装集团的转变。此后，歌力思持续以并购作为切入方式，不断引入高端到轻奢定位品牌，丰富公司的品牌阵容，在区域市场实现单店的盈利，推动品牌增长。

随着中国取代美国成为世界第一大纺织服装市场，国际品牌纷纷将发展重点移至中国，高端女装市场的竞争将会更加激烈，通过并购、收购国外设计师品牌等方式，能够打造有国际竞争力的多品牌矩阵，在线上与线下均形成协同效应，占据消费者心智与更大的市场空间，同时降低单品牌由生命周期造成的业绩波动。

4. 数字化转型

数字化升级成为近年来时尚品牌破局突围的重要一环。对于服装品牌来说，数字化能力的提升也是近年关键的战略推进方向。在消费不断升级以及大数据、云计算等创新技术日趋成熟的大背景下，新零售出现。同时，1995~2009年出生的"Z世代"接替"80后""90后"，逐渐成为主导消费市场的中坚力量，这一代的消费者以更强的自我意识、个性化的需求、愿意为喜好和品质付费的消费心理等特征深刻影响着消费市场，使新零售成为大势所趋。

乘着新零售东风，品牌开始全渠道业务转型：智慧门店打通线上线下，并开启全渠道会员管理、智能搭配等新业务。具体包括门店数字化，实现自主获客；导购移动化，方便快捷；全域商品流通，全渠道数据支撑智慧营运。全渠道业务转型通过供应链智能化、数字化分析，能够提高销售和服务的针对性，持续提升线下门店质量，驱动VIP人数增长，进一步提高门店业绩的收入贡献。

2020年9月，歌力思（ELLASSAY）与腾讯签署了《歌力思集团&腾讯战略合作框架协议书》，共同推进品牌智慧零售与产业智慧升级的落地。在腾讯云计算数字营销方面的加持下，歌力思在智慧零售市场释放新活力，精准触达消费者的同时构建起全新的有效连接，加快品牌数字化升级的步伐，为消费者提供了更好的消费体验，如图1-30所示。

2019年，歌力思完成了社会化客户关系管理系统（SCRM）的搭建，帮助导购加强对每一位客户的个性化管理和服务；整合了全渠道零售终端与收银系统，有效连接零售端、供应链与业务流程；逐步建立用户数据平台。同时还引进了CIO（首席信息官），打通中后台

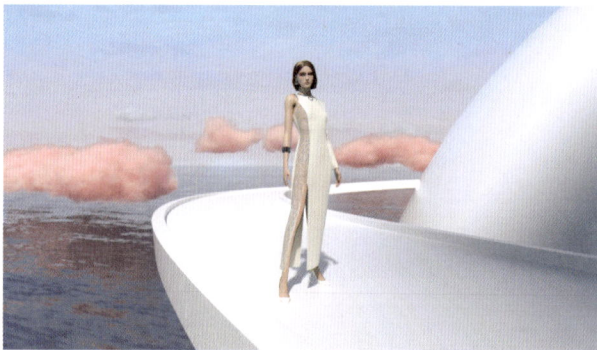

图1-30　歌力思品牌2021春夏广告：虚拟偶像@ELISA（图片源于官网）

的数字化系统，引入新零售业务模式，全力支持社群营销。随着新兴产业的发展，伴随市场的开拓，女装行业的多重商机也会越来越明显。

（二）男装品牌

对于蓄势待发的中国男装来说，经过多年的发展已经成为服装行业中最为成熟的一个子产业，在生产、管理、营销等各个环节上也日趋合理和完善，且男装成衣工艺技术有了大幅提高，企业运营更多元化、专业化，国际化程度已有明显提高。

男装市场稳定扩容，在整体消费增速放缓的大环境下依然保持了稳定的成长性。行业数据显示，2009～2019年，我国男装产业市场规模由3081亿元增加至5959亿元，年均复合增长率为6.82%。2020年，中国男装产业市场规模大幅下降至5108亿元，降幅达到14.28%。2018～2020年，我国主要男装品牌的毛利率水平均保持稳定，2021年第一季度，七匹狼、九牧王、海澜之家、报喜鸟四家男装企业毛利率水平分别为38.25%、60.38%、42.91%、67.14%。

另外，男装发展日趋多元化，跨界合作与联名经营、快时尚与慢生活等新的发展趋势给男装市场带来了新机会。比如相关服装企业正是凭着跨界发展，在更短的时间内积累了更多的财富，企业整体也获得了快速发展。男装零售市场的商业模式将进一步创新，营销网络将向复合式、立体式方向发展，向电子商务、会员俱乐部等新模式快速发展，预计未来5年，国内男装市场零售额年复合增长率约11.8%。

近年来我国男装品牌的运营现状主要表现为以下几点：

1. 产业集群特征

我国男装产业具备了一定的规模，形成了独具特色的产业集群，包括以上海、宁波、温州为代表的"浙派"（雅戈尔、报喜鸟）男装产业集群，以晋江、石狮为代表的"闽派"（七匹狼、利郎、柒牌、九牧王）男装产业集群，以及独立成长的粤南珠三角男装产业集群。同时在青岛、武汉、北京、上海、大连、成都等地也有少量的大牌或成长性品牌，但尚未形成显著的板块效应。

2. 正处于过渡期

随着国外品牌的大量涌入，以及国产自有品牌的崛起和繁荣，消费周期日益缩短，国内男装市场的竞争将从低层次的价格竞争上升到品牌综合实力的竞争。未来两三年将成为中国男装企业的整合之年，通过企业资本、品牌的实质性整合，形成联动上下游产业的纵横交错的产业集团，形成服装品牌集团、服装零售业集团等多种新的企业形式，并可能通过资本纽带逐步整合国际资源。

另外，男装的消费年龄群体也处于一个过渡期内，未来五年，整个上层中产和富裕阶层将成为主要消费人群，在2016年，这一群体人数是2000万，到2020年增加到1

亿，给消费增长带来的贡献将占到整个消费的55%。同时，"90后""00后""10后"后新生代消费群体的消费增长速度也远远高于中国平均消费增长速度，GDP占比也会逐年增加。

3. 缺少强调服装的设计本质

中国本土服装品牌的做法还是在不断强调营销和传播，在一定程度上忽视了服装应有的设计本质。如果一个国家的服装产业只是依托贴牌厂或是代工厂的薄利多销，那么不但品牌难以形成自有设计风格，更无法形成有效的国际影响力。所以男装品牌应迫切让更多的设计师进入买手领域，而不是大量成品买手入侵设计领域。纵观国内的所有男装品牌，无论是正装、休闲装还是时尚男装，产品风格上都存在着较大的相似性，为了避免品牌风格的雷同，一些男装品牌也都开始了多品牌战略来丰富企业的品牌群和产品风格。

从中国国际服装服饰博览会（CHIC）的品牌人气趋向来看，福建男装最大的威胁不是浙江和广东板块中的传统商务休闲装，而是比之高端的如G2000、DUMONUOMO（道蒙）等时尚男装；与之平行的如杰克·琼斯、卡宾（Cabbeen）等时尚男装，如图1-31、图1-32所示。而这些品牌主攻细分市场，且设计实力都不俗，可见服装品牌设计本身的重要性。因此，中国的男装，需要沉淀以往的经验，更需要酝酿新的变局，并逐步以大容量的时尚消费人群为主要突破口，针对大众消费，设计师进一步在市场需求及人口数量驱使下，打造出新一轮设计与品牌并重的企业。

图1-31　卡宾Chao牛仔系列（图片源于微信公众号）

4. 品牌终端形象雷同

销售终端卖场是品牌的"脸面"，其形象、环境、氛围能实际地影响到消费者的购买行为。生动化的卖场气氛可以在消费者犹豫不决的时候，唤醒消费者潜在的购买意识，诱导顾客进行选择并下决心购买，刺激消费者冲动性地购买，从而实现扩大成交、提升产品销量的目的。国内男装销售终端体现的形象除少数优秀品牌外，整体给人一种大同小异和"千店一面"的感觉，店铺环境布置以黑色、棕色、灰色等稳健色彩为主，产品陈列和导购服务中规中矩，差异化不足，无法区分同类产品，不能清晰地传递本企业的品牌文化和产品形象，不能用自

图1-32　卡宾旗舰店（图片源于微信公众号）

己的特色第一时间吸引顾客眼球，增加顾客的关注度和记忆强度，增加产品与消费者接触的机会，从而有效实现拦截目标，促使消费者最终接受产品和服务。

（三）童装品牌

童装行业是我国纺织服装行业的主要细分领域之一，在服装的市场经济中地位突出。随着我国人民生活水平的不断提高，以及多孩政策与家庭对下一代的重视程度不断提高，婴童的消费支出在家庭的消费支出中所占比例逐年上升，中国童装市场正在步入快速发展的阶段。持续增加的童装市场规模和快速的市场增长速度为童装企业的发展带来了良好的历史机遇。近年来，全球童装市场的蓬勃发展似乎免疫于全球经济放缓的影响，在众多奢侈品品牌的多个品类均销售不利的情况下，童装市场却一直蒸蒸日上。

作为21世纪的朝阳产业，童装市场每年需求在8亿～10亿件，年增长率达9%左右，迎来了新一轮的发展机遇。未来的童装市场在需求扩展的情形下竞争也日益激烈，竞争的压力加速了市场的深度细分。因此，童装企业必须创新思维、深挖内功，大力实施品牌战略，注重产品品位的提升和品牌整体形象的提高。

近年来我国童装品牌的运营现状主要表现为以下几点：

图1-33 巴拉巴拉品牌2021年"六一我最大"态度T恤

1. 正处于高速成长阶段

随着成人服装市场趋于成熟，以及童装市场相对快速的增长，众多国内外成人服装品牌企业纷纷进入我国童装市场，行业竞争更加激烈，目前我国儿童服装相关企业达到48.8万家。根据进入路径的不同，童装品牌可分为专业童装品牌和成人装延伸品牌，其中专业童装品牌本土企业以巴拉巴拉、小猪班纳、安奈儿、水孩儿为代表，如图1-33、图1-34所示。这类企业进入童装市场较早，对童装行业具有深厚的专业认识与积累，零售终端通常集中于商场或商圈特定区域。

成人装的延伸童装品牌在本土以太平鸟、李宁、安踏、特步和361°等品牌为代表，通常与其成人装保持相近的设计风格，利用原有品牌优势和渠道资源推广童

图1-34 小猪班纳童装品牌2023年夏季上新

装产品，如在现有的零售终端渠道中增加童装区域或货架，形成综合店模式，另外则是高速增长的童装直播间销量，据数据统计，2021年我国母婴电商行业交易规模突破万亿元。

2. 关注场景化、细分化

2021年，在童装童鞋所有的子品类中，儿童泳装、儿童演出服、儿童板鞋占据了增速前三的位置，增长率达到88%、85%和47%，与婴儿步前鞋、爬服哈衣等品类相比，快速的增长率侧面反映了我国中大童市场的广阔发展空间，同时围绕宝宝不同穿着场景、不同年龄段的精细化需求也不断爆发。

以新晋童装品牌幼岚为例，2021年9月，成立仅4年就收获近亿元人民币A轮融资。幼岚品牌关注场景化的童装布局带来了差异化优势。从一开始简单的每日穿搭即"周一到周五日常装场景"，到后来针对具体的居家、入园、出行、运动4个场景推出系列服装，幼岚在童装场景化、细分化领域不断打开新思路，如图1-35所示。场景化童装在保证孩子生活仪式感的同时，简化了父母为孩子日常搭配的流程。同时，也提高了孩子置换衣物的频率，产品更加高频触达消费者，让用户与品牌建立紧密的互动关系，场景化将是未来童装，乃至服装品牌发展的重要趋势。

图1-35 幼岚童装"玩乐""入睡"场景

3. 行业集中度低但持续提升

2021年，我国童装行业前十厂商份额占18.7%，其中森马旗下的巴拉巴拉品牌在2021年的品牌市占率5.6%，仅领先第二名南极人3.2%。发达国家，如美国、英国，平均CR5（规模前五名所占的市场份额）约20%，而中国童装行业仅达到8.8%。由此可见，我国童装市场仍表现为高度分散、行业集中度低的特征。此外，童装企业规模虽普遍偏小，单个品牌的市场占有率和竞争力有限，但头部位置相对稳定，对比2020年、2021年童装前十，巴拉巴拉、南极人、安踏、优衣库等品牌一直名列前茅。

4. 小童装和高端童装成为机会点

在童装行业中，童装产品大致分为：0~1岁的婴儿装、1~3岁的幼儿装、4~14岁的大龄儿童装。婴儿装与幼儿装又常被合称为"小童装"，在近5年的发展趋势中，小童装的增长率显著高于其他品类及行业整体，甚至出现了逆势上涨的趋势，明确了中国消费者对于童装中产品种类、功能性等特征的认知，且童装消费升级正在慢慢崛起。由于0~3岁婴幼儿身体承受能力弱，对服装品质要求高，极大程度受惠于消费升级的小童装将在未来保持高速增长。

在2019年，中国高端童装的市场规模约为311亿元，通过与整体童装市场的同期增速对比可发现，二者保持同步的增长节奏，中国高端童装的市场规模增长较快，2018年较上一年增长了32.28%，尽管这一数据在2019降低到了24.4%，但仍处于较高的水平。很多知名品牌纷纷开始进军高端市场，如海澜之家对高端品牌英氏的收购，是海澜之家进军高端童装市场的一个重要契机。未来童装的高端化与时尚化的需求，也会随着"Z世代"逐渐步入家庭生活。

于2011年创立的中国时尚童装品牌之一的太平鸟（Mini Peace），在成立十周年之际，上线了与国际先锋设计师Maria共同打造的全新限量高定系列，如图1-36所示，这属于太平鸟童装的高端线产品"C"系列。品牌通过应用"花卉"这一元素以及设计师独特的艺术语言，将传递出的高级感从产品深入品牌内涵。

（四）内衣品牌

自2010年以来，中国内衣消费需求量不断增长：2010年我国内衣需求量仅为61亿件，到2019年，中国内衣消费需求量已达167.7亿件，年均复合增长率为11.9%。2018~2021年，我国女性内衣市场规模整体保持稳定增长，虽然在2020年行业出现负增长，市场规模约为1239亿元，但随后在2021年行业开始

图1-36 太平鸟品牌2022夏季限量高级连衣裙系列

回暖，实现增量达到1275亿元，预计未来我国女性内衣市场规模仍将保持相对稳定的增长趋势。在社会消费水平日趋提升的背景下，人们对生活品质追求的提升导致对内衣等贴身衣物的新需求也日益增长，推动着中国内衣市场的进一步发展。

近年来我国内衣品牌的运营现状主要表现为以下几点：

1. 需求推动了较大发展空间

从用户年龄结构来看，内衣消费呈现出年轻化的趋势，"80后""90后"人群仍然是消费的绝对主力，但"90后"用户占比增长明显；从女士内衣人均消费金额来看，目前中国女性内衣人均消费仍处于较低水平，年人均消费金额仅为20.2美元，仅为部分欧美发达国家的1/4左右。随着国内女性对内衣消费意识的觉醒和消费观念的国际化接轨，国内女性内衣市场将有很大的发展空间。内衣属于消耗品，而目前我国女性内衣拥有庞大的需求群体，2021年我国女性人口数量超过6.88亿，达到了68949万人，较上年增加了94万人，占总人口的48.81%。受益于庞大的需求群体，我国女性内衣需求保持稳定增长，2016~2020年，中国女性内衣市场的需求量从117.8亿件上升至172.1亿件，且在"她经济"的浪潮下，消费者不断增长的多元化需求也为内衣行业注入了新的活力。

2. 舒适感取代性感标签品牌

近年来随着"新舒适主义""悦己风"等潮流的盛行，女性内衣市场步入了全新时代，舒适感取代性感成为内衣产品的重要标签。女性主流审美观念逐渐由性感意识向自我意识转变，传统内衣品牌曾经主打的"性感"王牌已不"显灵"。内衣的选择不再受到束缚、注重性感，受众对身材有追求但更加独立和自信，更注重健康和自在，实现从悦他主义到悦己主义的转变。国内内衣市场从性感至上、以钢圈聚拢功能为主，转化为在无尺码、无缝、大/小胸专用款等细分领域均有品牌重点布局，这使传统内衣企业的营收与毛利增长缓慢或处于下滑状态。例如，都市丽人品牌利润不断下降，到2021年连续第三年亏损；而主打舒服无痕的Ubars，如图1-37所示，在2021年连占天猫"双11"和"618"内衣榜第一，同时在背心式文胸热销榜、无痕文胸好评榜中位居第一。

根据唯品会近日披露的销售数据显示：2022年开年至今，"无钢圈内衣"

图1-37　Ubars品牌无尺码文胸背心

搜索量同比增长38%；"无尺码内衣"搜索量同比增长64%；"无感""无痕""基本款""背心式"等关键词取代"聚拢""提升"，成为内衣品类的需求热词。另外，根据2022年消费者对内衣产品的购买决策因素来看，面料质感好、舒适透气是主要因素，占34.9%，其次为满足用户功能性需求与板型贴合身材、穿着合适，分别占33.1%、32.3%，因此品牌方需要通过不断提升内衣产品品质、满足用户功能性等多样需求，构筑竞争壁垒。

3. 新锐品牌借势崛起

在"她经济"的浪潮下，新生代女性消费者对新产品的尝鲜意愿更强。与此同时，随着消费动力从外部社交压力推动转变为主动享受消费过程中的社交乐趣，一众主打简约、舒适标签的新锐内衣品牌兴起。2010年以来，以Ubras、焦内、内外、奶糖派等为代表的新锐内衣品牌借势崛起。这类品牌在近几年内很快就杀出重围，与老内衣品牌们争抢市场份额。相关资料显示，6年前，每年"双11"稳定占据天猫内衣品牌销售前几名的基本都是都市丽人、爱慕等传统内衣品牌，但经过几年市场洗牌，"双11"的天猫内衣销售榜已由Ubras、蕉内、内外等品牌占据高位。

4. 多元化、功能化趋势

目前，国内的内衣品牌还在为不同收入阶层的女性量身打造各式风格的内衣，无论是奢华高贵款，还是年轻可爱款，各种风格内衣层出不穷，多元化可满足不同消费群体需求。功能性表现为：①绿色环保型：绿色环保型内衣要求产品从原材料生产到成品加工过程以及销售过程都符合环保标准，人们越来越崇尚自然、绿色、环保的消费理念，因此由棉、毛、丝、麻等天然纤维处理生产的针织内衣越来越受到消费者的青睐，绿色理念也越来越多地被商家所接受；②智能型：智能型针织内衣不仅能提高产品的服用性及穿着的舒适感，还能满足人们在特定环境下的特殊服用要求，比如救援型内衣，可以发射求救信号并确定位置，或是温控内衣，采用光敏纤维与热敏纤维材料制成，可以自动调节体温；③保健型：保健型内衣被赋予防病保健的功能，利用微胶技术，将医用物质固定在纤维中形成保健纤维，使人保持健康；④美体型：美体型内衣根据流动性脂肪移动原理和人体工程学设计的内衣具有矫正形体，调整脂肪分布使身材曲线优美比例匀称的作用，受到女性青睐，如图1-38所示。

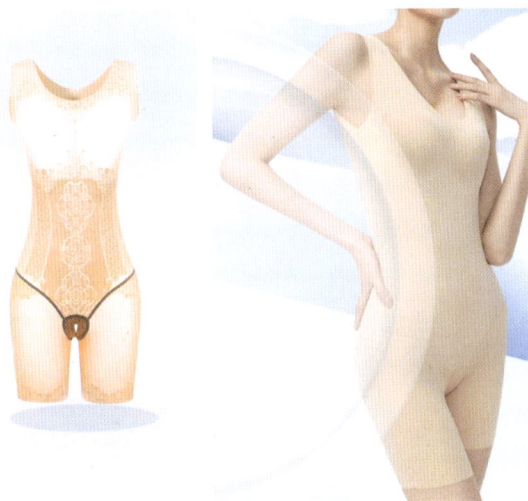

图1-38 美人计（MERRIGE）品牌智溯纤体衣

二、国内品牌的发展趋势

中国服装行业作为全球最大的服装生产和消费市场之一，一直以来都具有巨大的潜力和竞争力。随着中国经济的持续增长和城市化进程的推进，中国消费者对时尚和品质的追求不断提升，推动了中国服装市场的蓬勃发展。同时，全球化和数字化的浪潮也为中国服装品牌带来了前所未有的机遇和挑战。了解中国服装品牌的发展趋势，可以帮助企业把握市场机遇，应对市场竞争，提高品牌的竞争力和影响力。此外，研究中国服装品牌的发展趋势也对相关政策的制定和行业发展规划具有重要参考价值。

（一）国际化趋势

国际化对中国服装品牌来说具有重要意义。首先，国际市场提供了更广阔的发展空间和潜在消费群体；其次，国际化可以带来品牌知名度和声誉的大幅提升，进一步增强品牌竞争力；此外，跨国合作和品牌文化输出也是推动中国服装品牌国际化的重要因素。在全球化的时代背景下，中国服装品牌逐渐走向国际化已经成为一个必然趋势。中国服装品牌通过拓展海外市场，扩大品牌影响力，实现全球化布局，并与国际知名品牌展开竞争，在国际市场上已取得了显著的成效。

一些中国服装品牌如李宁、安踏和美特斯邦威等已经在海外市场建立了一定的知名度和销售网络。此外，中国服装品牌也通过参加国际时装周、与国际设计师合作以及开设海外门店等方式积极推进国际化进程。然而，在国际化过程中也面临一些挑战，如市场适应能力、品牌定位和文化差异等。

1. 提升设计和品质水平

中国服装品牌国际化的首要任务是提升设计和品质水平，以满足全球消费者的需求。中国服装品牌开始注重创新设计和独特的品牌定位，将传统中国元素与国际时尚趋势相融合。例如，李宁是中国服装品牌中的佼佼者，通过引进国际设计师，提升产品设计水平，并在全球范围内开设专卖店，成功赢得国际市场。

2. 开拓海外市场

中国服装品牌国际化的另一个关键步骤是开拓海外市场。通过在海外设立销售渠道和品牌形象展示，中国服装品牌可以接触更多国际消费者，并提高品牌的知名度和认可度。例如，七匹狼是中国服装品牌中的典型代表，通过在海外建立专卖店、参加国际时尚展览等方式，成功打入国际市场，成为国际消费者认可的品牌之一。

3. 加强品牌文化输出

中国服装品牌的国际化还需要加强品牌文化的输出。通过展示中国文化元素和品牌故事，中国服装品牌可以树立独特的品牌形象，与国际市场进行情感共鸣。例如，内外是一家中国内衣品牌，通过强调女性自信和自我表达的品牌理念，成功吸引了国际消费者的关注，赢得了国际市场的青睐。

4. 建立国际化供应链和渠道网络

中国服装品牌国际化还需要建立国际化的供应链和渠道网络。这意味着品牌需要与国际供应商、零售商和物流公司建立紧密的合作关系，以确保产品的质量和供应的稳定性。例如，UR 是中国快时尚品牌在国际市场的成功案例之一，通过与国际供应商和物流合作，建立了高效的供应链和全球化的销售网络，迅速扩大了品牌的国际影响力。

（二）绿色可持续发展趋势

对于中国服装品牌而言，可持续发展具有重要的战略意义。采取环保的生产方式能够优化供应链管理，推动循环经济，减少资源消耗和环境污染，提升企业的社会形象和竞争力，满足消费者需求，开拓新的市场份额等。目前，中国服装品牌在可持续发展方面已经取得了一些成就，不少品牌已开始关注环保材料的使用，推广可再生能源的应用，并在供应链管理中引入环境和社会责任的考虑，还有一些中国服装品牌也积极参与社会公益事业，推动社会可持续发展。

1. 李宁

李宁是中国知名的体育用品和运动服装品牌，该品牌在可持续发展方面采取了多项措施，如推动环保材料的使用，使用可再生材料和环保染料等。此外，李宁还积极推动回收利用，推出了旧鞋回收项目，将回收的运动鞋材料用于制造新产品。

2. 波司登

波司登是中国著名的羽绒服装品牌，该品牌在可持续发展方面注重绿色生产和环保材料的使用，推行绿色生产工艺，减少对环境的影响。此外，波司登还关注供应链责任，确保劳工权益和安全生产条件。

3. 森马

森马是中国著名的休闲服装品牌，致力于可持续发展，注重环保材料的选择，推动有机棉的使用，并积极推进绿色生产，此外，还开展了多个社会公益活动，关注社会责任和可持续消费。

4. 太平鸟

太平鸟是中国知名的时尚休闲服装品牌，该品牌关注环境保护和社会责任，积极推动可持续发展，推崇环保理念，推广环保材料和绿色生产方式，此外，还开展了多项公益活动，如支持农村教育和环境保护项目。

中国服装品牌在可持续发展过程中面临一些挑战。首先，缺乏环保技术和资源的投入是一个制约因素。其次，消费者对于可持续服装的认知和接受度还有待提高。为了推动中国服装品牌的可持续发展，可以从以下几个方面入手：加强环境管理和资源利用效率，推广绿色制造和循环经济；加强供应链管理，注重供应商的社会责任和合规性；加强与消费者的沟通与教育，提高他们对可持续服装的认知和购买意愿等。

（三）电子商务趋势

随着互联网的普及和消费者对在线购物的偏好增加，电子商务给中国服装市场带来了巨大的变革，通过互联网和移动技术的发展，消费者可以方便地在线购物，提高了购物的便捷性和选择性。电子商务为服装品牌提供了更广阔的市场和消费者群体，同时也改变了品牌营销和销售模式。中国服装电商行业在过去几年中迅速崛起，如淘宝、京东、拼多多、抖音等众多电商平台成为中国消费者购买服装的主要渠道，一些中国服装品牌也积极拓展电商渠道，通过自有网店或与电商平台合作来销售产品。

1. 电商平台销售

中国服装品牌电子商务的首要趋势是通过各大电商平台进行销售。淘宝、京东和天猫等电商平台成为中国消费者购买服装的主要渠道。服装品牌可通过在这些平台上开设官方旗舰店或合作店铺，将产品直接销售给消费者。

2. 自有电商平台建设

除了依托第三方电商平台，越来越多的中国服装品牌开始建设自己的电商平台。通过建设自有电商平台，品牌可以更好地掌控销售渠道和消费者关系。同时，品牌可以通过个性化的界面设计、定制化的购物体验和精准的营销策略吸引和留住消费者。

3. 社交电商的兴起

社交电商在中国服装品牌的电子商务中发挥着越来越重要的作用。社交电商结合了社交媒体和电商平台，社交分享、推荐和团购等方式可以促进购买行为。中国消费者喜欢从社交媒体平台获取时尚灵感和购物建议，因此服装品牌应积极通过社交电商平台与消费者进行互动，提供个性化推荐和购物体验。

4. 移动电商的崛起

随着智能手机的普及，移动电商正在成为中国服装品牌的重要销售渠道。中国消费者习惯使用手机进行购物，服装品牌也正在积极开发移动应用程序和移动网站，提供方便的购物体验。另外，通过移动应用程序还能提供个性化的推荐、促销活动和购物指南。

尽管电子商务为中国服装品牌带来了机遇，但也面临一些挑战，其中包括激烈的竞争、消费者信任度、售后服务和假冒伪劣产品等问题。为了应对这些挑战，中国服装品牌可以加强品牌建设，提供优质的产品和服务；加强电商平台的监管和整顿，减少假冒伪劣产品的流通；其提高物流配送效率和售后服务质量，增强消费者的购物体验；通过大数据分析和个性化推荐等技术手段，提高精准营销能力等。

（四）智能技术趋势

当前，中国服装品牌正积极采用智能技术来改进产品设计、生产和销售流程，发挥智能技术在提高效率、提升用户体验和实现个性化定制等方面的重要作用。

1. 智能设计和定制化

利用智能设计软件和算法，可实现更高效的服装设计和生产流程。通过虚拟现实（VR）和三维设计技术，品牌可以快速创建服装样品并进行设计验证，从而节省时间和成本。

2. 智能供应链管理

智能技术在服装品牌的供应链管理中有出色的表现。品牌可借助物联网（LOT）和大数据分析等技术，实现供应链的智能化和实时监控，通过物联网传感器和RFID技术，品牌可以实时追踪物流和库存信息，提高物流效率和减少库存成本。

3. 智能互动和用户体验

智能互动的发展为消费者的购物体验提供了新的可能性。利用虚拟现实和增强现实技术，可为消费者提供智能试衣间和虚拟试穿服务，帮助消费者在体验线上试衣和调整款式、颜色、尺寸等，为消费者提供更便捷、个性化的购物体验。

4. 智能营销和个性化推荐

智能技术为服装品牌的营销活动提供了新的机会。品牌通过人工智能（AI）和机器学习技术，能够分析消费者的购买行为和偏好，提供个性化的产品推荐和定制化的营销策略，这些技术可以帮助品牌更好地理解消费者需求，并精准地传递信息。

尽管智能技术的应用可以提升产品创新和品牌竞争力，满足消费者对个性化和智能化的需求，为服装品牌带来了机遇，但也相对面临一些挑战，其中包括技术成本、数据隐私和安全风险等。服装品牌可以采取一些应对措施，比如加强智能技术研发和应用，提高技术的可靠性和成本效益；加强数据安全和隐私保护，增强消费者对智能技术的信任；加强与科研机构和技术企业的合作，推动智能技术与服装设计的深度融合等。

本章小结

1. 品牌是销售者向购买者长期提供的一组特定的特点、利益和服务。它是包含公司的名称、产品或服务的商标，是具有公司独特市场形象的、能给拥有者带来溢价、产生增值的无形资产。

2. 服装品牌按层次分类可分为高端品牌、中端品牌和低端品牌三大类。通常情况下，产品品质与产品成本有关，因此，品牌的层次往往代表了产品的品质与售价。

3. 服装品牌的法律保护是品牌最有力的保障，具有预见性、程序标准化、持续时间长和终极效果的特点。

4. 我国消费者的消费理念已经发生转变，消费更趋理性，消费者变得越来越年轻化、个性化、国际化，更加注重产品的品质和满足个性化需求。

5. 服装业的发展大大推动了中国国民经济的发展。同时中国已成为全世界最大的服装生产加工基地，全世界每三件服装，其中一件便来自中国。

思考题

1. 现如今国内服装品牌的发展面临一些什么难题？

2. 为你最喜爱的一个国内服装品牌做一个宣传方案。

第二章
服装品牌市场调研

课题名称：服装品牌市场调研

课程内容：市场调研的意义与方法
市场调研的主要内容
市场调研的过程

课题时间：8课时

教学目的：通过服装品牌市场调研内容的学习，使学生对服装品牌市场调研的相关内
容与方法有一定的掌握，并有独立能力做实际调研工作。

教学方式：1.教师PPT讲解基础理论知识，并根据教材内容及学生的具体情况灵活制
定课程内容；
2.加强基础理论教学，重视课后知识点巩固，并安排必要的练习作业。

教学要求：要求学生掌握市场调研的方法、内容、过程，并对自己感兴趣的服装品牌
进行实地调研。

课前（后）准备：1.课前预习本章节，并思考适合调研的国内服装品牌；
2.课后提交调研报告，并针对所学知识点进行反复思考和巩固。

市场调研是市场调查与市场研究的统称，它是个人或组织根据特定的决策问题而系统地设计、搜集、记录、整理、分析及研究市场各类信息资料、报告调研结果的工作过程。其中，服装调研以服装市场为主要研究对象，旨在系统地、科学地、有计划地收集和整理服装市场信息，是一个分析和研究的过程。它可以为服装品牌把脉，更好地了解自身品牌形象、竞争对手的品牌定位、消费者及团体用户的品牌利益点，从而确定或重新确定品牌形象及价值，为产品或服务提供持续发展的动力。

市场调研结果的充分与否，将直接关系到企业的生存与发展。服装品牌通过充分调研可以了解行业现状，掌握切实准确的数据，发现问题和预测潜在市场，并由此做出针对性的生产与营销决策，从而达到进入服装市场、占有市场份额并实现预期的目的；否则就会因盲目和脱离实际的决策而造成损失与失败。本章主要通过市场调研的意义与方法、市场调研的主要内容、市场调研的过程三个方面对服装品牌市场调研进行详细解析。

第一节　市场调研的意义与方法

随着社会经济、科技、文化的综合发展，中国的服装产业在不断升级中迈入了"品牌时代"，服装企业越来越注重品牌的运作，重视品牌文化的建设，以帮助其建立具有鲜明特色的企业形象。事实上，在市场因素、流行因素、文化因素和技术因素等因素的综合影响下，消费者的需求也在不断变化。因此，企业如果想要准确地设定目标消费群，就必须把握服装产品的设计方向，准确预估服装的生命周期，对市场需求、消费者喜好、流行风尚和品牌风格等方面进行多方位、多角度的调研。

国内的服装品牌往往忽视市场调研的重要性，出现推出的新产品不能被消费者接受的现象，误判了服装市场的需求，在激烈的市场竞争下处于劣势，从而导致品牌的运营存在风险。

一、市场调研的意义

充分的市场调研是运营好一个品牌的重要前提。这不仅能有效地使品牌在创立初期更容易得到消费者的青睐，提高消费者对于品牌的好感度，品牌方还能够根据调研结果及时把握市场动向，相应调整品牌的战略计划。具体来说，市场调研的意义主要体现在以下几个方面：

（一）了解品牌服装现状，提供市场决策依据

市场调研可以为企业的市场决策提供最直接有效的依据。对于一个即将要全新推出的服装品牌来说，无论后期采取何种经营手段，前期的市场调研都是必不可少的重要工作，它可以帮助经营者对当前服装市场建立客观实际的认识。而对已有的服装品牌来说，调整品牌风格同样也需要扎实有效的市场调研。仅凭经营者的经验来对市场情况做出判断往往带有太强的主观意识，很容易忽略客观事实，这对服装品牌的运作将会造成很大风险。

（二）了解竞争对手实情，制定有效经营策略

营销策略是企业以顾客需要为出发点，为获得市场需求进行的有计划、有组织的经营活动。通过市场调研，除了可以让服装企业在制定营销策略时了解自身品牌的发展现状外，还能够进一步了解竞争对手的品牌营销策略、营销重点、营销目标，以及市场对竞争品牌的认可度等。掌握了这些有效信息，服装企业制定的营销策略才具有更强的针对性，才能将自身的品牌优势发挥到最大。另外，品牌也可以适时地借鉴竞争对手在产品设计、市场管理和宣传推广等方面的优点，推动自身的全方面发展。

（三）制定长期发展战略，赢得有利市场地位

市场调研可以帮助服装企业在发展过程中对自身的各个领域做出长远的规划。在总结自身情况的基础上，根据行业发展的环境和趋势制定未来发展的战略目标时，可以结合服装产业发展的具体情况、产业相关上下游的发展现状、发展的趋势等方面信息。以这些调研资料为基础，结合企业的自身情况来确定企业的发展战略，能够降低企业在发展过程中的风险性，从而在一定程度上促进战略目标的实现。

（四）准确预测流行趋势，满足消费者需求

服装市场的竞争从本质上来说是消费者的竞争。企业只有当最大程度乃至超出预期地满足消费者时，才能够持续获得更多消费者的支持和认可。在市场调研中，通过不断总结研究消费者对于企业现有产品的看法，以及未来的需求和消费趋势，企业才能准确地把控产品研发和服务改进的方向，同时企业也可以根据消费者的消费趋势和市场细分，发现新的市场机会，进而抢先占领发展不足或者存在发展空间的市场。

二、市场调研的方法

市场调研指在对行业相关信息和数据进行科学的收集、整理、归纳和分析。对服装品牌的市场调研来说，比较常见的调研方法有问卷调研法、访谈调研法、实地调研法和资料收集法，如图2-1和

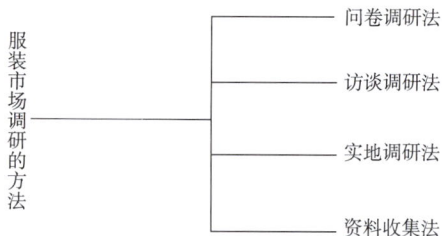

图2-1　服装市场调研的方法

表2-1所示。选择合理的调研方法可帮助企业找出特定的市场潜在需求，掌握服装市场的变化规律，发现未来发展趋势，为企业发展制定策略提供科学依据。

表2-1　市场调研方法特点比较

市场调研方法	优点	缺点
问卷调研法	适用于全面横向调研，数据采集比较全面，调研结果非常客观、真实可靠	时间成本高，费用成本高，工作过程复杂
访谈调研法	适用于深入调研或专项调研，回收率较高；网络访谈法有效节约统计分析时间	人员访谈法访问费用成本最高，有时还会受到地理区域的影响
实地调研法	适用于单一品牌纵向调研，成本低，数据采集比较方便	时间成本较高，工作过程比较复杂
资料收集法	适用于概念性调研，时间成本低，费用成本低	资料收集不全面，存在主观倾向，调研结果容易有偏差

（一）问卷调研法

问卷调研法是根据调研内容或调研目的来设计调查问卷，对调查所得的信息进行统计和定量分析的一种较为广泛的调研方法。问卷调研通常包括问卷设计、问卷派发、问卷回收、数据逻辑与整理、总结报告等几个环节。

常见的调研问卷是自填式问卷，由被调查者自行填写，一般由标题、卷首语、主体和结束语4个部分组成：

1. 标题

问卷的标题部分能够直观地反映调研的主题，使被调查者大致了解调研的内容。

2. 卷首语

问卷的卷首语是对问卷调查的简要说明，包括调研目的、调研意义、调研主要内

容、填写问卷的说明、调研匿名和保密原则等。

3. 主体

调研问卷的主体部分由精心设计好的问题及相应的选项组成。问题设计的内容应包括：被调研者个人情况（年龄、性别、职业、收入、文化程度等）、选购服装产品的偏好（颜色、款式、面料、细节、配饰以及关注程度）、被调研者的消费行为和消费经历（购买习惯、购买动机、购买场合、消费观念、对服装品牌的看法、获取服装信息的途径等）。通过对被调查者回复选项的汇总、分析和统计，调研人员可以充分了解被调查者的个人基本情况以及对服装产品的消费倾向、接受程度、意见倾向等。

4. 结束语

以简短的方式表达对被调查者的感谢，记录调查时间、调查地点等信息，也可以咨询被调查者对问卷设计和问卷调查的看法和感受。

问卷调研法能使调研者更好地把握所需要了解的问题，更具针对性。在对待服装品牌时，由于被调查者的情绪和态度不一，部分调研问卷可能采集不到消费者的真正想法，因此，被选定的调查对象要具有代表性，并要有一定的数量支撑，被调查者的人群范围要精心设计，严格控制问卷的回收率。

以针对"时尚职业装"的问卷调查为例，其目的在于研究职场女性的消费心理及行为特点，为服装品牌的营销策略以及品牌产品的系列化设计提供参考。在选择调查对象上要考虑不同职业类型、不同年龄段的职场女性。调查内容应包括"职场女性对服装品牌的相关了解""选择购买服装时考虑的因素""购买时尚职业装的频率""购买服装的主要信息来源""对服装的消费观念"等内容。只有经过合理的问卷设计，才能在问卷的信息回复中获取更准确的数据，再由专业软件对问卷回复内容的分析，获得有效调研成果。

（二）访谈调研法

访谈调研法是指调查者和被调查者面对面地交流或通过电话、座谈等访问形式来搜集资料信息或探讨市场问题的一种调研方法。访谈调研法较适用于做深入调研或专项调研，或是调研对象数量较少时使用，通过访谈能够获得更为详细和准确的资料。

按访问方式的不同，访谈调研法可分为"直接访问"和"间接访问"。"直接访问"是访问方法中费用最高，也是回收率较高的访问方法，它采用调研者和被访问者面对面交谈的方式来获取调研信息；"间接访问"有网上调研、计算机辅助调查等方式。

由于访问形式和内容传递方式的不同，也可以将访谈调研法分为"人员访谈调查法""电话调查法"等。"人员访谈调研法"即调查者与受访者面对面交谈获得一手资料的调研方法。其特点是在访谈过程中，以面对面的沟通方式，可根据受访者的特点、心理变化、态度及各种非语言信息，灵活调整询问方式和内容，获得针对性强、可靠性高的信息。调查结果的质量在很大程度上取决于调查人员的访问内容和技巧，这要求调研人员具备较高的素质、灵活的沟通能力、良好的访问技巧、快速的应变能力、较强的搜集和整理资料的能力。当然，此调研法也有一定的缺点，如访问成本最高、难以获得访问对象的支持、有时还会受到地理区域的影响等。"电话调查法"是调查人员通过电话向被调查者询问了解问题的一种问卷方法，是最快捷的一种调查方式。

还有一种是"网上访谈法"，是借网络与受访者交流的一种方法。"网上访谈法"包括"电子邮件访谈""网络专业调研系统""网络直接访谈"等。"电子邮件访谈"是将电子调查问卷按照受访者的邮件地址发出，被采访者再将答好的问卷回复给调研人员或调研机构的方法；"网络专业调研系统"是专门针对网络调研而设计的问卷调研软件，利用专门的可视问卷编辑器设置问卷，上传至系统中，采访者可以直接按顺序回答问题，答完所有题目后，系统会自动生成统计结果，有效地节约了统计分析的时间；"网络直接访谈法"会根据调研目的选择调研对象，提前预约邀请、告知受访者所要进行的调研内容，在做完前期准备后，通过 QQ、微信等通信软件在指定时间内进行访谈交流以获取调查资料。

（三）实地调研法

实地调研法指调研人员亲自参与，在一定的调查时间内凭借自身观察或借助特定设备，直接记录被观察对象相关情况的一种调研方法。采用此调研法时，要根据被观察对象的不同而制定相应调查策略和内容。在服装品牌的相关调研中，被观察对象主要为服装品牌店铺、消费者、店铺服务人员（导购）。调研的具体内容包括：调研卖场的陈列形式、调研服装店铺的产品结构和价格、记录热销款服装的种类并分析产品的设计特点和促销方式、分析目标消费群体的消费行为和消费习惯、记录商场或服装品牌店铺的人流量、调研消费者的着装状态等，另外还可以对导购人员的人数、服务态度等进行调研考察。

（四）资料收集法

资料收集法是指通过服装品牌的内部和外部两个途径，对调研内容进行收集和整理，并分析现有各种信息资料的一种调研方法。在实际运用中，此调研法一般偏重于对市场动态、流行趋势等资料的收集和整理。调研的基本步骤是：确定调查内容—分析现有资料、确定资料收集的范围—设定资料的来源和查找途径—确定资料收集的方法—资料收集、汇总与筛选—分析资料并整理成报告。不同于其他调研方法，资料收集法无须进行实地调研，获取的信息资料以二手资料或次级资料为主。

对于服装品牌而言，想要成功开展品牌的策划工作，有效推广设计和营销策略，首先应分析服装品牌的"内部资料"。"内部资料"是指服装品牌企业内部人员所掌握的信息和资料，如业绩资料、销售报表、统计资料、顾客反馈意见和各种调查报告等。只有透彻了解本品牌的销售状况，对不同品类、色彩、款式、成本、价格以及消费者的反馈等各类信息进行分析和整理，才能更准确地对新一季推出的服装产品和营销策略进行设定。

同时，服装品牌还可以通过获取"外部资料"得到有价值的信息。"外部资料"是指通过服装相关的书籍报刊、权威研究机构、服饰博览会、订货会、展销会以及时尚资讯网络获得的各类资料。其中，在国内知名度较广、影响力较大的机构有"中国纺织信息中心"和"中国流行色协会"。"中国纺织信息中心"是纺织产品开发、推广机构，是集信息服务、趋势发布、产品开发、质量检测和市场推广等多项职能于一体的机构。常年致力于信息产品的开发，为纺织企业提供专业的咨询服务和推广方案；"中国流行色协会"是中国科学技术协会直属的协会，挂靠中国纺织工业联合会，成立于1982年，1983年代表中国加入国际流行色委员会，是中国色彩事业建设的主要力量和时尚前沿指导机构，业务主旨为时尚、设计、色彩。上述两个权威机构每年都会推出秋冬和春夏两季面料流行趋势报告，并在中国国际纺织面料及辅料博览会上利用各种面料小样展出新一季不同主题的面料趋势，为国内服装企业提供权威性的专业信息。除了国内的渠道，国际上也有不少活跃度高的权威机构，如国际流行色委员会、国际颜色学会、欧洲色彩学会、亚洲色彩联合会、英国GCR公司、美国PANTONE、韩国流行色中心、韩国设计文化协会和日本流行色协会等。通过各种报刊和互联网，可以及时获取国内外各时装周上众多服装品牌的发布会信息，如图2-2、图2-3所示，了解最新的流行色、新型面料、新工艺和服饰搭配等方面的信息。学会利用以上这些"外部资料"，可以使服装品牌推出的产品始终保持流行性。

图2-2　2022春夏巴黎时装周发布会1

图2-3　2022春夏巴黎时装周发布会2

服装品牌可以根据自身的经营需要，

合理利用适宜的调研方法进行有效的调研，掌握有利于市场竞争的信息。当侧重于服装产品设计方面的调研时，应通过调研准确把握产品在款式、色彩、包装等方面的风格，客观地预测新产品的市场空间，调整产品的设计策略；当侧重于服装品牌营销策略的调研时，则需要掌握社会因素、环境因素、文化层次等对服装消费行为的影响，对目标消费群体进行准确定位，从而在日益激烈的市场竞争中制定强有力的营销策略。

第二节　市场调研的主要内容

通过市场调研可以全面、客观、准确、系统地获得需要的信息和研究数据。服装市场调查人员在进行调研活动时，应运用合理的方式和科学的方法，有目的、有计划性地进行系统搜集、整理，为服装品牌做出正确的目标市场设定、产品设计策略、市场预测、营销决策等提供科学的依据，并最终提高服装品牌的策划运营水平和经济效益。本节主要从关于市场营销环境的调研、关于竞争对手的调研、关于时尚流行信息的调研三个方面对市场调研的主要内容进行阐述分析。

一、关于市场营销环境的调研

市场营销环境是服装企业赖以生存的基础，任何企业的营销活动都无法脱离市场环境而孤立存在。这里所指的市场营销环境是影响企业发展的宏观环境，具体涉及人口、经济、技术、文化、法律、政治等诸多方面。通过对市场营销环境的分析，服装企业可以发现市场机会，避免环境因素对企业发展产生的不利影响。

（一）人口环境

现代市场营销是以消费者为中心的。人口作为市场构成中最基本的要素，直接决定着市场规模的大小。在对人口环境进行调研时，主要分析的是一个国家或地区的人口数量、地理分布、年龄结构、性别和受教育程度等因素，服装企业应该结合自身的营销目标有侧重地选择人口环境的具体方面展开调研，使调研结果更利于服装企业营销的策略。

人口的地理分布很大程度上影响着服装企业营销渠道的发展和布局，不同地区的人的消费习惯和对服装产品的需求也有着一定的差异。如广东省是人口最多的省份，且广东的经济发展早，广东的服装消费能力、消费时尚度也相应走在全国的前列，拥有良好的服装市场前景。

人口年龄结构的变化影响着服装市场布局。2020年第七次全国人口普查与2010年的人口普查结果相比，60岁以上人口数量上升了5.44%，这说明我国老龄化的进程日益加快，老年人口数量不断增长，敏锐的服装企业已开始研究老年人生活方式和消费习惯的变化，加大老年服装市场的发展和投入，丰富老年服装的种类，满足他们对服装产品的特殊需求。

人口的性别差异也是服装企业应当考虑的要素之一。不同性别的人在购买习惯和消费行为方面有所不同，如男性多数会直接选择那些熟悉的服装品牌或者产品，而女性则愿意花费较多的时间进行购买比较；女性的消费需求相对于男性而言，变化比较快，善于捕捉最新的流行动态，而男性消费者则更容易形成消费忠诚。服装企业在进行产品开发和制定市场营销策略时，应该对男女性在购买习惯、消费行为、消费观念等方面的情况进行调研分析，同时结合年龄因素来划分市场。

从受教育程度来看，文化程度高的人群对服装产品的要求更高，青睐于那些高品质符合自身身份的服装品牌，更注重精神追求和心理要素；而文化程度相对较低的人，则更易受到市场流行信息和周围消费者的影响，会选择那些能够体现他们生活方式的服装产品。

（二）经济环境

经济环境涉及经济收入、经济增长率、个人收入水平、消费结构、产业结构和资源状况等方面，其中个人收入水平直接影响着人们的消费结构和消费水平，资源状况决定服装企业长期可持续发展的能力，产业结构对服装企业的发展趋势和战略目标有着较强的影响。

个人收入水平的高低决定着消费能力的大小。在收入结构中，可支配收入是消费者可以任意支配的部分，各种消费支出的比例关系就是消费结构，服装企业在产品定价时可参考人们在服装方面的消费比例。

产业结构指的是一个国家各个产业的构成以及产业之间的联系。服装产业作为第二产业，拥有非常烦琐的上下游行业关系。农业、种植业、畜牧业、纺织业、缝纫设备制造业等与服装相关联产业的发展状况会直接影响服装产业的发展。所以，服装企业应时刻关注国家产业结构调整的政策以及相关产业的发展情况，让品牌的营销策略顺应大环境的发展。

资源状况指与服装行业发展相关的能源和各项资源，包括自然资源，如土地、水、煤、石油等能源，以及与服装行业发展相关的原材料资源，如棉花、羊毛、麻、蚕丝、羊绒、其他动物毛等。棉花是我国服装产业最主要的原料资源，占纤维总加工量的三分之一，但是随着我国耕地面积的不断减少以及气候环境的变化，棉花、麻等资源以及化学纤维中的人造资源（以木材、芦苇、甘蔗渣等天然高聚物为原料）必然受到较大的影响，而且草原、草场植被面积的减小也同样会影响到羊毛、羊绒的产量，所有方面最终都会影响到服装企业产品的研发方向。另外，纺织材料中的合成纤维也是以石油、天然气、煤或者它们的化工产品为原料的，在生产纤维的同时也在消耗着各项能源，服装企业生产加工过程中也会产生大量的环境污染，这些都会制约服装产业的可持续发展。服装企业应该时刻关注我国自然资源的实际情况，减少能源消耗和避免环境污染，从而确保服装产业获得长期可持续发展的基本资源。

（三）技术环境

技术环境包括与服装产业发展紧密相关的新工艺、新技术、新材料以及服装企业的管理水平等方面。在国家发展与改革委员会的产业结构调整指导目录中，也将服装企业计算机集成制造及数字化、信息化、自动化技术和装备的应用，环保工艺研发，染整清洁技术，防水、防油、防污、阻燃、抗静电及多功能复合等功能性整理技术，"三废"高效治理与资源回收再利用技术的推广与应用等方面作为鼓励发展的项目。

当多方面的技术研发能力不断升级发展时，服装产业的发展才有持续可靠的技术保障，服装企业产品研发能力和生产技术水平才能稳固提升。从长远发展看，国内服装产业要获得较强的国际市场竞争力，应该重视服装产品的设计研发和生产技术，注重与国际先进企业的合作和交流，如加强学习面料研发技术、服装样板技术、服装CAD/CAM技术、服装行业管理技术、电子商务和信息管理技术等，也可以通过技术引进和合作来提升企业的技术水平。

（四）法律环境

法律环境主要指的是影响服装产业发展的国家政策、法律法规等以及服装经营者和消费者的法律意识等。服装产业的发展离不开国家政策的支持，国家政策有时也能引导服装企业的发展方向。政策的出台虽然不会直接对服装企业的实际发展产生影响，但是这些政策的实施却可以为服装企业的稳定发展提供良好的环境。

从法律方面来看，服装品牌需直接考虑到的有《中华人民共和国企业法》《中华人民共和国税收法》《中华人民共和国劳动法》《中华人民共和国商标法》《中华人民共和国产品质量法》《中华人民共和国反不正当竞争法》等，这些法律法规已在第一章中进行了分析。从行业法规和标准方面看，服装行业法规和标准的制定对服装企业的产品生产、质量、包装、说明等方面也有一定的影响。服装行业的号型标准对规范和指导服装企业的生产和销售都起到了良好的作用，同时也提高了批量生产服装的适体性。服装质量方面的标准则对服装企业产品的生产加工提出了更高的要求，也促使服装企业不断地改进技术，如《婴幼儿服装标准》中就把安全健康测试的一些指标作为强制执行的部分，《儿童上衣拉带安全规格》《童装绳索和拉带安全要求》标准的出台也是为了提高童装产品的质量。其他如《水洗整理服装测试标准》《无缝内衣质量评价体系标准》《涂层服装抗湿技术要求》《工作服防静电性能的要求及试验方法》等标准都对不同类型服装的检测、质量等方面提出了具体的指示性要求。

另外，是有关服装产品包装和说明方面的法规，如《服装标志、包装、运输和贮存标准》就对服装产品的包装和运输提出了具体的细则和要求。2012年发布的GB 5296.4—2012《纺织品和服装使用说明　第4部分：纺织品和服装》中就对服装产品原料的成分和含量标注了明确的规定。

服装企业通过国家制定法律和法规获得了良好的发展环境，如果服装企业能够按照这些法律和法规来约束自身的行为，必然会使企业获得较快的发展，也会得到国家政策的大力支持。同时消费者的法律法规意识也在不断增强，确保自己的权益不受侵犯。

（五）文化环境

文化环境主要表现在人们的生活方式、价值观念、道德规范和风俗习惯等，这些方面都会影响服装企业的营销活动。国内服装行业中的"杭派""闽派""海派"等服装派系的形成正是受到了不同地区文化环境的影响。杭派服饰讲究优雅、甜美、知性、典雅，而海派服饰风格注重优雅、时尚，强调精致的工艺，注重细节，在服饰方面的特点都不同程度地体现了这些地区的文化特点。

生活方式包括人们的衣、食、住、行、劳动工作、休息娱乐、社会交往、待人接物等物质生活和精神生活的价值观、道德观、审美观等，这直接决定了他们的消费喜好和个性。如新兴的SOHO一族（专指能够按照自己的兴趣和爱好自由选择工作，不受时间和地点制约、不受发展空间限制的白领）都是家居办公，主要是自由撰稿人、平面设计师、艺术家或者从事音乐创作、服装设计、网络相关工作的人群，他们喜欢自由、轻松的生活状态，这些必然会体现在他们的消费行为上。对于他们而言，网络渠道是最佳的服装购买渠道，服装企业应该注意到这类人群的特殊生活方式，从而采取恰当的营销策略来进行服装品牌的推广和销售。

人们的价值观念是随着知识的增长和生活经验的积累而逐步确立起来的，最直接的表现就是人们会对商品的色彩、标志、式样以及促销方式产生不同的意见和态度。风俗习惯的不同决定了人们在消费习惯方面的差异，最明显的表现就是不同民族的人们对服装的色彩、款式、图案等方面会有不同的要求。节假日时，人们的消费会迅速增长，这也就是服装企业选择在这个时候进行促销的原因。在春节的时候，居住在农村的消费者在服装方面的消费会比平常高出很多倍，服装企业要善于分析这些传统习俗对人们消费的影响，结合其经济水平制定有效的营销策略。

二、关于竞争对手的调研

任何服装品牌在目标市场进行营销活动时，都不可避免地会遇到来自竞争对手的挑战。调研竞争对手的信息可以使服装品牌明确自身竞争的优劣势、发现市场机会，从而采取有效的竞争策略与竞争对手相抗衡。

对竞争对手的调研内容包括：企业的竞争对手有哪些，它们的目标市场是什么；竞争对手的内外部资源状况如何；竞争对手的市场地位如何（市场占有率、市场竞争力等），取得现有市场地位的关键因素是什么；消费者对竞争对手的产品和服装品牌的评价如何；竞争对手的发展方向是怎样的；竞争对手是否拥有核心技术优势等。只有调查了解竞争对手以上几个方面的信息后，才有可能采取积极的策略与竞争对手进行市场竞争。

（一）明确企业的竞争对手

要对竞争对手进行调研，首先必须明确哪些对象是市场上的竞争对手。真正的竞争对手应该是那些有着共同的目标市场的企业，服装品牌应当在充分了解对手的营销模式、竞争劣势后，再采取相应手段来抢夺目标市场，获得消费者的认可。

首先是竞争领域的选择，一个行业中会有很多的细分市场，企业对细分市场的选择，就是选择了自己在这个细分领域的竞争对手。其次是竞争区域的选择，对于一个企业来说，在这个区域可能是主要竞争对手的一家企业，在另外的一个区域可能是另外一家，在全国范围内，还会出现其他的竞争对手，所以企业需要关注的是多层次的竞争对手。通过对上述的分析，便可以得出自己的主要竞争对手是谁，然后对每一个竞争对手给出一个清晰的描述，包括在哪个领域、哪个区域以及对企业实现目标的压力是什么。

如具有代表性的海澜之家、森马、雅戈尔和太平鸟等服装行业老牌公司，这些服装品牌都在男装市场的榜单上位居前列，是各自强有力的竞争对手。近似的市场定位会使品牌的市场竞争尤为激烈，同时企业也面临着新进入者的威胁。因此每个品牌都要进行区分定位，并进行多元化和多品牌的发展，拓宽原有的市场范围，以形成竞争的差异性优势。

（二）掌握竞争对手的内外部资源

资源是服装品牌获得可持续发展的关键因素。这里所谓的资源包括企业自身拥有的内部资源，以及外部可以利用的其他资源。除了调查竞争对手的资源状况外，企业还需要分析竞争对手整合利用资源的能力。

内部资源包括人力、物力、财力等方面。其中，人力资源是企业发展中最重要的因素，具体包括采购人员、设计人员、生产人员、营销人员、管理人员等；物力资源包含服装品牌开展经营活动必需的土地、厂房、生产用设备、能源等；财力主要指资金实力，它是维持企业长久发展的核心因素。此外，内部资源还包括对企业财务状况的分析，如盈利能力（利润率）、成长性分析（销售增长率、利润增长率）、负债情况以及成本分析等。外部资源包括供应商、经销商、生产厂家、广告公司、物流等营销服务机构，是协助服装品牌完成营销活动的组织或者单位。

掌握了竞争对手的资源状况，企业就可以明确竞争对手的优劣势。调查分析竞争对手的资源情况，还需要考虑竞争对手现在的发展水平是否与拥有的资源状况成正比，以及对手发展的后劲如何。

（三）分析竞争对手的市场地位

市场地位可以理解为服装企业的市场占有率情况，以及在同类企业中的排名次序，是衡量一个企业竞争能力的重要指标。市场地位直接表明了企业在消费者心目中的地位。在调查中除了寻找有关市场占有率的数据外，还必须分析竞争对手取得已有市场地位的根本原因是什么，也就是影响市场占有率的相关方面，涉及产品设计、品牌定位、营销能力、销售渠道以及品牌宣传等。市场占有率等数据可以通过二手资料获取，如国内大型商场的销售数据排行会对不同类型产品的市场占有率进行统计排名，服装品牌根据自身和竞争对手的排名顺序变化，可以直观地衡量品牌的竞争能力，并且发现在营销方面存在的问题，即时调整策略，稳定市场份额。

（四）基于消费者对竞争对手的评价

消费者是市场竞争的核心，谁先满足消费者的需求，谁就可能成为最具竞争优势的品牌。消费者对竞争对手的评价调查涉及消费者对竞争对手产品层面的评价，包括产品的款式、面料、色彩、做工、风格特点等；营销层面的看法，包括营销渠道建设、渠道形象、营销环境和服务水平等；品牌层面包括品牌的知名度、品牌形象、品牌美誉度、品牌忠诚度，在这些内容中，品牌层面的调研是最重要的，它对服装品牌的市场地位影响最大。

服装品牌在掌握了消费者对竞争对手的评价信息后，重点是分析竞争对手是如何获得较高或者较低的评价，比如竞争对手某个品牌的某款服装很受消费者的欢迎，就应该分析这款服装的设计风格是否有明显的独特性；选用的面料是否具有很好的舒适性；板型是否更符合消费对象的体型；营销策略有什么独到之处。同时对比分析自身品牌的产品特点，从而改进自身品牌的产品或重新定义卖点。

（五）分析竞争对手的核心优势

这里所讲的竞争对手的核心优势主要侧重于技术层面，包括面料研发技术、样板技术、信息管理技术等。国内的男装企业之所以能够取得现在的市场成绩，最主要还是面料和样板方面的优势，如"重磅麻纱"和人体数据研究成就了九牧王男装品牌的发展；雅戈尔品牌研发的汉麻类服饰则用意大利、日本的西装样板技术，并且一直在进行新型衬衫面料的研发；杰尼亚品牌的高档定制西装面料则都来自澳大利亚的美利奴羊毛；同样女装品牌中的天意则是以天然面料"莨绸"形成品牌特色，白领品牌面料同样也来自阿玛尼等品牌的供货商。服装品牌除了调研竞争对手的核心优势外，还需要分析自身的优势在哪，这种优势是否具有较强的市场竞争力，有哪些需要改进的地方，并且在以后的发展中重视建立自己的核心技术优势。服装品牌数量的不断增长、消费者对品质要求的不断提高、服装同质化竞争日益严重等都对服装品牌提出了更高的要求，掌握多项核心优势的企业在未来的服装市场中必然能够获得长久的发展。

（六）明晰竞争对手的发展方向

竞争对手的发展方向也就是竞争对手的发展战略规划，服装品牌需要对其充分了解才可以有针对性地开展营销活动，并且制定比竞争对手更有优势的发展战略。对竞争对手的发展方向进行调研涉及以下方面：竞争对手未来的市场目标是什么；竞争对手的产品或品牌定位是否会改变；竞争对手是否会进行扩张（产品扩张、品牌扩张、渠道扩张等）；竞争对手以后的主要目标市场是否会有所变动；竞争对手的核心产业会不会发生变化（产业多元化）。通过这些调研才能更加清楚竞争对手未来的发展方向，从而有针对性地制定自身品牌的发展战略。

三、关于时尚流行信息的调研

时尚与流行是一个动态过程，如上一年春夏季度流行的色彩、面料、造型在新一年里会相应地稍加变化并以新的形式再度出现，或者几年前流行的元素会以新姿态再次成为新时尚，但这种变化的方式又难以预料。因此，必须从各个方面去了解服装时尚信息，以便预测流行趋势和指导服装产品设计。时尚流行信息的调研主要包括流行信息调研和日常生活中的时尚信息调研这两个方面的内容，此外还要注重服装流行信息报告的撰写。

（一）流行信息调研

品牌策划师或设计师所关注的时尚信息与普通消费者对时尚和流行的关注有所不

同，品牌策划师除了要关注国内外与服装相关的流行资讯，还要考虑时尚信息与品牌自身的融合性，以及在未来流行趋势的市场效果。服装品牌的策划和设计工作要提前半年到一年就开始实施，这就需要根据全方位的时尚信息，根据服装品牌的目标消费群体进行分析和判断未来的流行趋势，从流行信息中获取服装设计的重要元素，以预测消费者在下一季度会购买的产品。目前很多服装品牌获取流行信息的渠道主要来自服装发布会、面料纱线展览会、相关艺术展、各类时尚媒介、专业权威机构的流行趋势预测、插图平台发布的预测等。

（二）日常生活中的时尚信息调研

社会的发展影响了人们的生活方式，在潜移默化中又影响了人们的时尚观念及对服装的需求。设计源于生活，通过对时尚生活的各方面调查可以获得新一季的时尚动向。服装品牌可以从社会生活中的文化思潮、艺术作品、街头文化、影视资讯和工业设计等方面去了解和关注时尚信息。在现代服装发展的过程中，朋克风、波普艺术、建筑设计和影视服饰等都是影响服装时尚的重要因素，如20世纪70年代经济萧条时期兴起的朋克风格，其源自反传统的"亚文化"思潮，年轻人用特立独行的装束来表现自己的审美情趣和价值观念。

受当时社会文化的影响，朋克风格这种反传统时尚和美学的服装样式成为一种新的风格与时尚。另外，通过观察流行现状进行调查，关注国内外的街头时尚，获取流行款式所采用的时尚元素，分析消费者对新款服装的认可度和购买欲，运用这些时尚信息也能引导新季度产品的设计方向。总之，调研人员要对各种时尚信息有敏锐的洞察力，从多方面、多角度、多渠道获取信息，快速掌握最新流行资讯，从而推动品牌策划师能准确预测未来一年或两年的服装流行趋势。还需注意的是在策划新品时不能脱离实际生活中的时尚，要符合当下消费者的需求，结合自身品牌和地域特色进行更好的品牌策划，明确产品设计的方向。

（三）关于服装流行信息报告的撰写

服装流行信息的收集工作一定要通过适当的表达方式体现出来，其中，图文并茂的报告书是最常见、最直观的有效形式。国际上一些研究流行趋势的专门机构以及各大纺织原料及半成品、成品的行业组织或知名企业，大多采用这种形式来发布对流行趋势的预测信息。

服装流行信息报告的内容一般由主题名称、意境图、消费定位、服装风格、造型特征、色彩及面料、品类分布和服饰配件等多个方面组成。

1. 主题名称

主题名称要根据国际流行趋势的信息，阐述要符合一定目标消费群的时尚趋向，可以是对一种具有代表性流行元素的适当抽象描述。

2. 意境图

意境图作为流行趋势的载体，是图解化流行语汇的浓缩，是以直观图像和重构色彩的形式表现公众的新兴趣和消费方式的普遍看法。

3. 消费定位

阐述有关新一季流行趋势对特定消费群影响后的针对性策略，如目标市场的新动向以及应对策略等。

4. 服装风格

用图形、符号或文字（阐述主题思想的抽象词汇）表现新一季服装的主题特征。

5. 造型特征

用图示和文字的形式表现廓型线、结构线、细节特征等新一季服装的造型特征。

6. 色彩及面料

用图示和文字的形式表现材料、质感、图案、纹样等新一季服装的色彩及面料特征。

7. 品类分布

根据流行主题以及特定消费群的生活方式，选择在新一季中适合他们的服装品类要求，使服装品类分布更加合理。

8. 服饰配件

根据新一季产品的流行特征，选择与之相适合的服饰品和配件，可以用图示的方式表现出来。

第三节 市场调研的过程

科学性强、流程较系统完整的市场调研才能帮助企业多方位、多角度地获取有价值的信息，对调研结果进行有效的分析和整理才能为服装品牌的决策提供正确的方向。服装品牌除了需要了解和掌握市场调研的意义、方法、主要内容以外，还需要注重市场调研的过程。本节将对市场调研的一般过程、注意事项、报告的撰写进行具体分析。

一、调研的一般过程

调研的过程包括提出问题、探索问题、解决问题三个部分，最终基于大量的调查、思考、判断、分析，逐步形成最终有效的结论。

（一）提出问题——分析现状

在开始调研之前，调研人员首先要明确调研目的，才能针对性地撰写调研问题，确定调查的对象、范围、方法等内容。如某款服装产品销量很差，为了改进产品提升销量，首先应先确定消费者是否对产品的质量或设计存在看法，或是否受到其他社会因素的影响，负责调研工作的人员需要对此经过认真分析后，梳理各因素之间的关系，再调查相关内容。

（二）探索问题——确定调研方向、内容

初步了解服装品牌的基本情况后，调研人员可以根据个人经验或在其他部门人员的建议下确定调研方向和内容。调研人员需要整合企业内外部的资料，了解上一季服装款式、面料、色彩等方面的特点，以及上一季服装产品的销售情况、热销款的产品信息，还要找出自身品牌本季可能吸引消费者的要素，以及目标品牌所推出的下季服装趋势等。

（三）解决问题——提出具体的调研方案

在明确调研的方向和内容之后，下一步就是制订完善的调查方案，为最有效地实现目的作准备。只有严格按照调研方案执行调研工作，才能获得有效的信息和数据。调研方案的设置可大概分为两步：

第一，确定合适的调研时间和地点。调查地点的选择要具有代表性，无论是品牌门店还是购物商城，都应该考虑目标顾客群相对集中的地方，避免调查的片面性。调研的时间可以设置为购物高峰阶段，如晚上或节假日。

第二，确定调查对象是消费者还是服装品牌。如果是针对消费者进行调研，可采用问卷调研法和询问调研法，预先设定好调研的目标对象和人数，建构有吸引力的问题设计或询问内容，问题的难度要适中，有针对性地了解消费者的需求；如果是针对服装品牌进行调研，就要确定是单一品牌调研，还是多个品牌调研，根据调研目的设定，可以采用多种调研方法进行调研。在调研时可借助相机、纸、笔等工具做好详细的记录，以保证调研的效率和准确度。

（四）形成结论——提交详细的调研报告

一个完整的市场调研报告格式由题目、目录、正文、结论和建议等组成。调研报告应在分析调研资料的基础上拟定，要求重心突出，结构严密，材料与观点一致，并且根

据调研报告可以回答出调研任务中提出的问题。常用的如比较分析法，在调研新一季度女装的流行趋势时，可以将本品牌的设计风格和产品特色与目标品牌进行对比，从而获得结论，确定本品牌新季度产品开发所采用的流行趋势。如果资料和数据内容较多，可以借助SPSS（Statistical Product and Service Solutions）统计软件进行专业分析。针对消费者对服装品牌的满意度调研就可以采用这一软件进行系统化分析，以获取有力的相关数据，如服装品牌吸引消费者的因素，在设计或营销上有待改进的方面等内容。另外，采用书面形式的报告应使用专业术语，内容要条理清晰、图文并茂，调研结果必须切实可信。

二、调研的注意事项

在服装品牌的运作中，服装调研是展开各项工作的前提，是关系到服装品牌运作的重要工作。设计师、品牌策划师、营销人员都应高度重视调研工作，服装行业内有这样一种说法：如果说信息的搜集是确保调研质量的"安全线"，调研分析就是确保调研质量的"生命线"。服装品牌在调研时应注意以下几项内容：

（一）计划性和针对性

计划性和针对性即有计划、有目的、有针对性地进行调研。展开调研工作之前要围绕调研目的和任务设计好调研方案，设计好详细的调研计划，预先设想调研工作中可能出现的问题，并设定解决问题的方案。采用不同的调研法时，所需注意的事项也不相同。例如，在使用访谈调研法时，应事先准备好访谈的纲要；使用问卷调研法时，问卷的设计要有针对性；采用资料收集法时，需要有针对性地收集和整理企业的内部资料，避免盲目性等。不管是哪种方法，都要使设计、销售等相关职能部门能够及时掌握企业各方面的信息，根据市场变化，及时调整企业的策略，以适应市场发展的需要。最终完成的调研报告也应具有针对性，不仅给决策者提供决策的依据，还能从典型案例中总结出经验，对未来的设计与营销工作产生指导意义。

（二）客观性和真实性

一定要由具有专业知识的人员负责整个调研过程，以确保调研的客观性和真实性。专业人员如设计师助理、品牌策划助理，这类人员通常具有良好的沟通能力和应变能力，可以在发生突发状况时根据专业知识适时调整，及时发现新的问题并付诸解决，以保证调研的准确性。

调研的内容必须是经过实地走访和认真调查获得的，如卖场环境、产品形象、销售情况、消费者情况等。为客观、全面地得出真实情况，要求调研数据必须是真实可靠的，在对数据进行具体化、深度化的分析时，不能随意杜撰或浮夸和歪曲。调研人员可以通过对细节信息的关注和分析，找到服装品牌运作的优缺点，透过现象看本质，发现其中存在的问题并学习值得借鉴的经验，最终，帮助服装品牌决策者根据真实的市场情况做出正确反应。

（三）完整性和策略性

调研企业内部资料时，应保证所有整理资料和数据的完整性，既不能重复也不能有遗漏，同时要对所有资料进行筛选，将与调研目的相关的资料归纳整理，形成系统性的调研文档。当某些属于企业内部保密的资料难以获得时，可以在采用访谈调研法进行调研时讲究一定的策略性，比如以顾客或学生身份进行沟通以取得信任，从而获得可靠有用的资料。

三、调研报告的撰写

撰写调研报告是市场调研的最后一个环节，是全面分析总结、得出最终结果的重要步骤，也是品牌后期市场营销策划参考的重要依据。调研报告可以采用书面形式或口头报告形式。调研报告的内容应包括标题、目录、正文（前言和主体）、结论与建议、附件等。

（一）标题

调研报告的标题要求与调研内容融为一体，标题以简洁精练、高度概括性的文字呈现调研报告的主题思想，如休闲风格女装品牌调研。有些调研报告为了突出调研的针对性，会采用正、副标题形式加以着重说明。

（二）目录

目录的设定根据调研报告的篇幅决定，涉及文字内容较多的调研报告配简要的目录，可以更有序和有条理地呈现整个调研报告的内容，一目了然，可以直观了解调研报告的重点。内容较少或以图片为主的调研报告可以省略目录。

（三）正文（前言和主体）

正文是调研报告的核心内容，是对整个调研工作的详细表述，调研的内容、信息、资源等都涵盖在内。正文主要分为前言和主体两部分内容。

前言：调查报告的开头部分，主要阐述调研主题的基本情况，一般包括说明调研的背景和原因，介绍调研工作的组织情况，如调查的时间、范围、地点、内容、调研的对象，调研的方法、调研数据的来源等。

主体：调查报告中的主体内容体现调研工作的重点。侧重于消费需求和产品销售情况的调研，要对所获得的数据进行统计分析得出客观的结果，尽量选用能突出调研主题的数据和资料，将调研中所发现的情况及分析的问题有条理地阐述清楚。另外，针对所发现的问题要分别加以分析、判断和归纳，并运用数字、图表和大量的一手资料增加报告的说服力，分析服装品牌在产品设计、营销模式、品牌运营等方面的优势和不足，探讨新季度产品开发的方向。

（四）结论与建议

撰写调研报告最终就是要总结调研工作，来获取关键性的结论和建议，这也是基于调研寻找出规律，形成重要的结论，为解决某一具体问题提供方案和建议，从而为服装品牌提供具有建设性和合理化的设计策略或营销策略。

（五）附件

附件不是所有的调研报告必须具备的内容，完全取决于调研的需要。它是对调研报告的附加说明和补充，不包括前言和主体内容的部分。附件可以是数据汇总表、原始资料、工作技术报告、问卷设计、访谈记录等内容。

本章小结

1. 服装调研是运用科学的方法收集服装相关信息和数据，并进行整理、归纳和分析，以此把握服装市场的潜在需求，探求服装市场的变化规律和未来发展趋势，为企业发展制定策略提供科学依据。

2. 在服装品牌策划与运作过程中，要设计出符合市场需求的服装产品，调研成为必不可少的环节。在众多市场调研方法中，对于服装品牌比较直接有效的常用方法有问卷调研法、访谈调研法、实地观察法、资料收集法。

3. 营销环境是服装企业赖以生存的基础，通过营销环境的分析，服装企业可以发现市场机会，避免环境因素对企业发展的不利影响。

4. 任何服装企业在目标市场进行营销活动时，都不可避免地会遇到竞争对手的挑战，调研竞争对手的信息可以使服装企业明确自身竞争的优劣势、发现市场机会，从而采取有效的竞争策略与竞争对手相抗衡。

　　5. 时尚与流行是一个动态过程，但这种变化的方式又难以预料，因此必须从各个方面去了解服装时尚信息，从中汲取适合本品牌定位和设计的元素，以便预测流行趋势和指导服装产品设计。

　　6. 调研的过程包括了提出问题、探索问题、解决问题三个部分，基于大量的调查、思考、判断、分析，逐步形成最终有效的结论。

思考题

　　1. 在服装品牌调研中最难解决的环节与问题是什么？

　　2. 最适合国内服装品牌调研的方式有哪些？

第三章
服装品牌创立的前期策划

课题名称：服装品牌创立的前期策划

课程内容：品牌命名

品牌定位

品牌理念与品牌风格设定

品牌标志设计及注册

课题时间：12课时

教学目的：通过服装品牌创立的前期策划内容的学习，使学生掌握服装品牌创立前需要做的策划与规划，并对如何进行标志设计、如何注册一个服装品牌有一定的了解。

教学方式：1.教师PPT讲解基础理论知识，并根据教材内容及学生的具体情况灵活制定课程内容。

2.加强基础理论教学，重视课后知识点巩固，并安排必要的练习作业。

教学要求：要求学生进一步了解品牌命名的方法、品牌定位的重要性等相关知识，并能结合实际案例讲述服装品牌的理念与风格设定。

课前（后）准备：1.课前预习本章节，并大量收集服装品牌风格和品牌标志的相关素材。

2.课后针对所学知识点进行反复思考和巩固。

在服装严重同质化的时代，如何满足消费者的需求、在品牌产品品质与风格上形成企业不可替代的核心竞争力、树立自身品牌特色以及在愈加激烈的竞争中谋得长久发展等，其关键在于服装品牌创立的前期策划。服装品牌策划是基于目标顾客的生活方式，以目标顾客的审美趣味和价值标准为指向，满足消费者实现自我欲求为目的的谋划。它的鲜明特征在于理性思维与感性思维的融合，具有全方位、深层次的分析、策划、实施和控制等功能，能够为品牌的长远发展提供指导意义。

服装品牌创立的前期策划是一个系统烦琐的过程，它包括从产品概念建立到产品最终上架以及销售期间所要做的一切事情。从服装品牌命名、品牌定位、品牌理念风格设定到服装品牌标识及注册的整个过程都是创立服装品牌时品牌前期策划中的内容。简而言之，服装品牌创立的前期策划是为了实现近期经营目标和长期发展战略，针对服装产品运营所做的系统性规划。它与企业的经营模式和市场发展水平是相适应的。它的意义就在于把设计开发、产品生产、品牌建设和市场营销整体纳入商品运营的规划范围，使它们协调一致，实现优化组合，从而使商品在占领市场的基础上，有效地增加品牌附加值，提升品牌溢价能力，使品牌确立市场地位，实现品牌资产的增值。

第一节　品牌命名

市场营销专家菲利普·科特勒认为："品牌是一种名称、术语、标记、符号或图案，或是它们的相互组合，是用以识别企业提供给某个或某群消费者的产品或服务，并使之与竞争对手的产品或服务相区别。"品牌名称是品牌显著特征的浓缩，是形成品牌文化概念的基础。随着社会的日益发展，现代服装品牌的名称多种多样，好的名称是品牌的第一张名片，是能够深入人心并打开市场的敲门砖，能带来可观的利益收成。想要把一个品牌建立起来，首先需要落实的就是确立并注册服装的品牌名称，这样才能有效地开展后续工作。

一、品牌命名趋势

服装品牌的命名趋势可大致归纳为以下三个方面：符合品牌的核心定位趋势，走向国际化趋势，情感因素的注入趋势。

（一）符合品牌的核心定位趋势

服装品牌的名称设计首先要符合品牌的核心定位，有独特的个性，力戒雷同，与其他服装品牌区分开来。随着全球经济一体化的加速，现代企业正全面经历"同质化"现象，这时消费者就要求产品能体现自我个性，用能贴切表现品牌个性的名字来打动消费者，才能在这白热化的竞争中取胜。

以江南布衣（JNBY）为例，其品牌理念是"自然、健康、完美"的生活方式，品牌定位于这种生活方式或崇尚这种生活方式的都市知识女性，并以这个群体的生活状态为依据。根据核心定位决定该品牌的名称必须是素雅、端庄、内敛的，而不能像"酷拉拉""小魔鱼""第五元素"等品牌那样张扬，以怪取胜，但是不张扬并不意味着没有个性，江南布衣自有它所要诠释的格调，品牌精神可用"自然自我"这四个字来概括。在材料上，采用天然纤维面料，以棉、麻、毛为主，风格浪漫、舒适、自然、清新，表达一种江南的格调。在色彩上，追求沉稳雅致的环保色做基本色系，总体印象以自然色为基调，全情演绎回归自然的主题，迎合了名称中的布衣。江南布衣追求的就是自然但却自我，带有江南地区所特有的古朴却又不失浪漫、雅致的风格特点，江南布衣这个名字正是对该品牌一个非常好的诠释。

（二）走向国际化趋势

自中国加入WTO以来，中国的服装品牌不断走向世界，我国服装企业除了面临"品牌化"这一主题外，还要主动迎合"国际化"这一大趋势。国内的品牌若想与国际接轨，应当先在名称的设计上给予考虑。

世界各国、各地区消费者，由于在历史文化、风俗习惯、价值观念等方面存在一定的差异，使他们对同一品牌名称的看法会有所不同。某个词汇在一种文化语境下是美好的意思，到另一种文化语境下却有可能大相径庭。例如，"蝙蝠"，在中国因"蝠"与"福"谐音，被赋予美好的意思，而在英语里，"蝙蝠"翻译成"bat"，却是吸血鬼的意思，属于西方文化中的不吉祥物种。中国现在有很多服装品牌，由于只有汉字命名，在走出国门时，当地人难解其意，也有一些品牌采用汉语拼音作为变通措施，但最后被证明是行不通的，因为外国人并不懂拼音所代表的含义。所以在服装名称的设计中考虑其国际化运用已成为一大趋势。在全球化发展的今天，要与国际接轨，在名称设计中考虑到如何把中文名与英文名结合，并带有一定意境，这是非常重要的，也是不可逆的趋势。

（三）情感因素的注入趋势

服装品牌名称设计除了这两大发展趋势之外，另外还有一点重要的是要在名称中注入情感因素，这是营销策划上的一种心理营销学。换言之，如何让消费者从名称上接受这个品牌，就应当考虑在品牌名称中注入与其所定位的那个阶层所需求的情感心理因素，以产生共鸣。以江南布衣为例，"江南"二字倾诉的是一种江南女子身上特有的温柔、委婉、细腻和风情万种，"布衣"表达的则是古朴、淡定、素雅的情结。其所吸引的女性一定不会是那种喜欢个性张扬的朋克一族，而是追求端庄素雅的女性，如图3-1所示。

图3-1　江南布衣品牌2019春夏系列"Unlimited无界限"

当品牌把情感因素提前考虑到名称设计中，就更易吸引所定位的消费群体。当服装品牌的名称定位所表达的情感与消费者心理所需求的情感相吻合时，品牌的名称设计无疑是成功的。在物质世界越来越充裕的社会，人们更多需要的是心理上的满足、精神上的追求，以及情感上的共鸣，所以能否洞察、利用、整合并把握人的各种心灵资源和情感资源，这必然也会成为考量服装品牌名称设计优秀与否的一大趋势。

二、品牌命名的原则

一个成功的品牌之所以区别于普通的品牌，其中一个很重要的原因就是：成功的品牌拥有家喻户晓、妇孺皆知的知名度，消费者在消费时能够第一时间回忆起品牌的名称。因此，对于品牌的命名来说，首先要考虑的是品牌名称是否有传播力。不管给产品取一个什么样的名字，最重要的还是要能最大限度地让品牌传播出去，要能够使消费者尤其是目标消费者记得住、想得起来是什么品牌。只有这样，品牌的命名才算得上是成功的。否则，就算给产品取一个再好听的名字，但传播力不强、不能在目标消费者的头脑中占据一席之地，消费者记不住、想不起来，也只能算是白费心机。品牌的传播力强不强取决于品牌名词语的组成和含义两个因素，两者相辅相成、缺一不可。

品牌名称设计是用特定的语言和称谓来表达品牌理念、传达产品属性等信息的重要步骤，品牌命名应遵循以下几个原则：

（一）易读记、易发音、易识别原则

品牌名称应遵循简洁的原则。简洁明了，避免出现生僻字，字符数不能过长、过繁，应具有易识、易记的特性。在词音上避免出现多音字和使人产生误解的词语，容易拼读，做到发音清晰、朗朗上口，体现易读、悦耳的特性。

（二）符合产品属性原则

品牌名称的读音常常给消费者一些音域的联想，而这些联想与所对应的惯有商品特征是相互关联的。作为服装品牌名称就不能听起来像是其他产品，要考虑跟服装相关的元素，避免与其他商品混淆。

（三）可传承性原则

服装品牌名称不论在拼读、形象还是标识等方面，均应具备可传承于各时代的持久性，避免一味追求时尚和流行而导致在未来落伍、过时的风险。

（四）象征性原则

象征性可当成是直接或间接的联想，这些联想可以与品牌的具体服务对象、品牌文化、品牌经营理念等直接相关。例如，中国运动品牌李宁，以体操王子李宁的名字作为品牌名称，很容易让人联想到李宁的奥运冠军形象和挑战自我、奋发拼搏的运动精神，十分利于李宁品牌创建良好的品牌形象。

（五）尊重地域文化原则

由于世界各国、各地区消费者在历史文化、风俗习惯、价值观念等方面存在一定的差异，使他们对同一品牌名称的看法理解有所不同。我国的绝大多数品牌由于只以汉字命名，在走出国门时，让当地人莫名所以，有一些品牌采用汉语拼音作为变通措施，但被证明也是行不通的。所以服装品牌在进驻某个国家或地区时，应尊重当地的文化习俗，适应其文化价值观念，将名称与当地所崇尚的文化道德联系起来，避免出现不必要的麻烦，减少品牌推广的时间和精力。

（六）合法原则

合法是指能够在法律上得到认可和保护，这是品牌命名的首要前提。该原则指服装

品牌名称命名一定要在法律许可的范围内选择，避免出现侵权或其他有违法律规定的命名，要符合商标法的规定，进入合法的注册程序。不遵循合法原则只会使品牌失去价值甚至迎来更严重的后果。例如，在2000年的保暖内衣大战中，"南极人"品牌由于缺乏法律保护，被数十个厂家共享，自家所投放的广告费最终成了公用的。大量厂家对同一个品牌开始掠夺性地开发使用，使消费者不明就里、难分彼此，面对同一个品牌，却是完全不同的价格与品质，最后消费者把原因都归结到品牌上，逐渐对品牌失去了信任。

三、品牌命名的重要性

完整的品牌是一个复杂的系统，它包含着各种要素，如品牌名称、品牌标志、标志色彩、包装、广告口号、宣传策略、品牌个性和品牌文化等。品牌名称是可以被消费者称谓的部分，通常包括一些字母、单词、数字及各要素的组合，所以品牌名称可以被看作是一种语言符号，它的存在主要通过语言和文字传达，是一个品牌进行传播的先决条件。品牌的名称是企业的产品或者服务最直接的外在表现元素，是企业和消费者沟通的桥梁。人们接触一种产品最先需要了解的往往是品牌的名称，名称可以将一个品牌与其他同类品牌区别开来，成为消费者的选择依据。

品牌名称的好坏能够直接影响该品牌给消费者带来的第一印象。当今社会是一个信息极其丰富的社会，人们每天都会接触海量的信息，只有那种有意义能够唤起自己兴趣的信息才能在大脑的"过滤"后留下印象。因此，一个平淡无奇，没有丝毫意义的品牌名称很难从众多信息中脱颖而出，引起消费者的注意，而一个具有突出特点的品牌名称却能够经过媒介的宣传给消费者留下印象，甚至会被消费者"二次传播"。对一个品牌而言，口碑相传是比其他宣传方式更有效的途径。品牌名称对实现品牌的有效传播意义重大，在这个层面的意义上，品牌的其他要素均没有办法与之比较。

（一）品牌名称与品牌内涵的承接

当走进服装市场，五花八门、各式各样的品牌充满人们的视野，如何让消费者产生购买联想，塑造意识价值，促成消费者的购买行为，品牌的命名就是首要条件。品牌的意义与魅力不仅体现在穿着的需求中，更表达了消费者希望得到该品牌所体现的身份地位、价值文化，具有特点、特性的品牌名称更容易编织品牌故事，而品牌的命名就是让此名称承载其品牌的文化内涵，通过影响消费者的品牌认知和品牌联盟，决定着品牌建设的兴衰成败。

（二）品牌名称与企业利益的关系

品牌名称是企业的无形资产，当今社会的企业也越来越重视品牌名称的作用。日本学者山上定也曾经说过："现在畅销商品的条件是什么呢？一是命名，二是宣传，三是经营，四是技术。"说到命名是第一条件，不由想到孔子所说的："名不正则言不顺，言不顺则事不成。"一个好的名字，是一个企业、一种产品拥有的一笔永久性的精神财富。一个企业，只要其名称、商标一经登记注册，就拥有了对该名称的独家使用权。对于企业来说，品牌的名称不仅仅是由简单的文字组成的外在符号，更重要的是它可以准确反映产品的特点，凝聚企业的精神和目标追求，是品牌精神的浓缩精华。

第二节　品牌定位

什么是品牌定位？就服装而言，品牌定位是服装商家在市场定位和服装定位的基础上，建立的一个与目标市场有关的品牌形象的过程和结果，服装品牌定位是品牌经营的首要任务，是服装品牌建设的基础，是服装品牌经营成功的前提。

中国的各大艺术院校都设有服装设计课程，但是随着服装设计这一领域的发展，也相应地出现了一些问题。其中，如何让服装在市场上占有一席之地成了各大商家最头疼的问题，不管是商家培育的经验丰富的设计人员，还是各大高校培养的优秀设计师，都绞尽脑汁地在设计中不断创新。从原始时期开始，人们对于服装的要求就已经形成基本休系：生理性需求和心理性需求。随着人们生活水平的提高，服装不单满足于保暖护体，更多的是人们心理上的满足，如对服装审美性的要求和装饰象征性的要求等，而服装的品牌定位刚好诠释了人们与服装之间的联系。企业在市场中给自己的品牌进行良好准确的定位，建立一个与目标市场相关的品牌形象，这个过程和结果不但可以赢得更多的消费群体，更关系到日后的发展。

一、品牌定位的内容

（一）产品定位

服装品牌的产品定位一般包括服装产品类别定位、服装产品价格定位、服装产品风格定位等，重点在于对潜在消费者及未来潜在消费者的需求做足准备。

1. 服装产品类别定位

市场需求决定了产品的类别。服装品牌应将某类产品固有的独特优点和竞争优势连同目标市场的需求特征和消费欲望等进行综合考虑，分析本身及竞争者所销售的产品。根据市场需求首先确定经营男装、女装还是童装等，再决定经营职业装、休闲装或运动装等。服装产品类别定位还要考虑面、辅料的材质、服装加工的质量要求、产品标识、包装等。

2. 服装产品价格定位

服装产品的价格直接决定了该服装品牌的层次，当然品牌的层次和其所具备的服务质量与目标市场是密不可分的。通俗地讲，服装品牌层次可分为工厂大路货（地摊货）、大众商品品牌、独立设计师品牌、高级成衣和高级定制时装等，不同层次品牌类型的价格定位具有一定的差距。同时，服装品牌价格定位还要考虑为品牌的发展留有空间，随着品牌的成长与成熟，应不断调整价格策略，拓展市场份额与加强市场竞争能力，提升品牌的整体经营质量。

3. 服装产品风格定位

服装产品风格定位是以目标消费者的消费心理与消费特征为依据，以视觉形象为呈现结果，来表述品牌的内涵。因此，品牌能否及时准确地把握当下的流行风尚与消费者当下所热衷的事物，找准目标客户群并准确描绘目标客户群，这是服装产品风格定位的关键。在明确目标消费者与目标市场后，服装品牌还必须清晰地向人们展示该品牌是哪种生活方式消费的品牌风格。

（二）消费对象定位

不同地区的消费者有着不同的生活习惯、生活方式、宗教信仰和风俗习惯等偏好，因而其消费需求也是不同的。此外，消费对象还可依据年龄、性别、家庭规模、家庭生命周期、收入、职业、受教育程度、宗教信仰、种族以及国籍等因素分为若干群体。

这就要求服装品牌必须对市场有全方位的考察，使品牌在不同的区域都拥有相应的消费人群，对于不同人群的心理要求也要进行详细分析。以年龄为例，消费者的需求、购买量的大小会随着年龄的增长而改变，青年人市场和中老年人市场有明显的不同，青年人的消费观点是追求时尚和新潮刺激，而中老年人的要求则相对保守稳定。

（三）品牌文化定位

品牌文化是企业在长期经营活动中创造出来的物质形态和精神成果，是企业和消费者共同作用下形成的对品牌的价值评价，其能体现出企业精神，满足消费者的精神需求，并使品牌形象更为清晰、独特。品牌价值的核心是文化，品牌拓展的空间也在于文化，品牌文化发展的最高层次在消费者心目中形成一种信仰。

　　根据马斯洛的需求层次理论，如图3-2所示，从服装仅仅作为人们防寒护体的工具材料，再发展到消费者开始在购买行为上追求实质利益、精神和心理需求，我们不难发觉，拥有文化内涵的品牌会获得消费者更强大的认同感，十分有助于品牌的发展与传播。

路径　　　　　　　　　　　　　　　目标

实现梦想，发挥潜能，创造力　　　　　自我实现

内在自尊自信，外在成就认可　　　　　尊重需求

建立感情联系，归属某一群体　　　　　爱与归属

保障安全稳定，免除恐惧威胁　　　　　安全需求

满足基本需求，维持个体生存　　　　　生理需求

深层　　浅层

马斯洛5个需求层次

图3-2　马斯洛的需求层次理论

二、品牌定位的原则

　　从市场角度而言，品牌定位的原则有顺应原则、对立原则、空位原则、差异原则。定位的原则各有其优缺点。

（一）顺应原则

　　顺应原则是指跟随市场主导流向，寻找目标品牌，在市场潮流中发现流行的主题，紧随市场畅销服装品牌的产品特点并做出选择。

　　优点：采用这一原则比较保险，可以规避市场风险。

　　缺点：产品风格因容易与其他品牌雷同而没有特色，缺少个性，品牌感召力较差。此原则比较适合中低档服装品牌的定位。

（二）对立原则

　　对立原则是指与市场上出现的流行风格相反，走个性化、另类化品牌路线。

优点：富有个性、风格突出，能形成比较明显的品牌风格。此原则更适合走中高档路线、以智取胜的服装品牌定位。

缺点：社会需求总量不多，目标消费群较少，且过于个性化的产品将失去市场。

（三）空位原则

空位原则是指寻找当今服装市场在风格和品种上的空档，创造业内空缺或罕见风格。此原则适合各种档次服装品牌的定位。

优点：由于其前所未有的风格而独树一帜，少有竞争对手，具有潜在的消费市场。

缺点：具有冒险性，缺少参照物，产品开发难度较大，接受人群较为小众。

（四）差异原则

差异原则是指在现有品牌中，通过研究比较以寻找产品之间可能存在的不同点，利用独特的设计方法树立差异化竞争理念，开发差异化产品及服务。

优点：由于参照对象较为成熟，能够规避一定的市场风险，一旦找准差异化方向，市场潜力不可估量。

缺点：不容易找到差异点，差异度难以控制，此原则适合企业创新能力突出的各类服装品牌的定位。

三、品牌定位的重要性

品牌定位在服装设计中起着极其重要的作用，一方面，品牌定位是表达品牌主要的形象风格与文化价值观，甚至可以说是消费者社会角色的标识象征，最终能被消费者认知或认可。另一方面，品牌定位是企业对其文化取向和个性差异上的商业性决策，决定了企业的竞争力与发展空间，直接关系到企业的生存与发展。

（一）品牌定位是否准确直接关系到品牌的命运

如今，市场竞争的焦点不再是产品竞争，而是品牌竞争。企业如果要想扩大市场地盘，稳定市场地位，延伸产品生命周期，获得较好的经济利益，就必须注重品牌定位及其定位的准确性。有些企业并没有将品牌定位的重要性提到这个认识高度，不愿也不善于在此花很大的精力和财力，在有一个初步的设想以后就仓促施行，造成以后花数倍的精力和财力才能调整被动的局面，并且极有可能会延误商机，导致投资失败。品牌定位是品牌发展的方向和准则，虽然一个品牌的风格可以在品牌实际运作过程中，根据市场需求关系再做些变化，但是品牌风格经常发生左右摇摆的现象是运作品牌的大忌。因此，一旦定位了品牌的风格，就要在一定的时间内保持相对稳定，如果运作过程中产生了问题，只能进行局部调整或细节完善，不能随意地进行根本性的变化，且变化也应该在一个有限的范围内进行。

（二）品牌定位报告决定投资总额和使用比例

品牌定位报告也是品牌运作的可行性分析。要实现一个品牌定位报告的既定目标就必须配套合适的投入，这一资金投入的依据就是品牌定位报告。从经营的角度来看，企业经营什么产品或者为谁服务都不是最主要的，企业经营的根本目的是盈利，而盈利的保证是资金的合理流动与分配。品牌定位报告是企业行为的纲领性文件，决定了品牌运作的走向，带有预言性的品牌定位报告使大量资金沾染了一定的押宝色彩。因此，品牌定位报告具有决定投资行为的关键作用，绝对不可掉以轻心。品牌的实际运作是根据品牌定位报告进行的，虽然投资总额多时比较便于品牌的运作，但是，投资并不是越多越好，与目标相比，投资过大会造成资金闲置或费用失控，造成资金浪费；投资过小则资金不足，造成资金短缺、周转不灵。国内不管是何种性质的公司，都有许多会遇到投资额不及时到位，或到位数量不足等情况。

四、品牌的再定位

尽管通过严肃认真的调研后，在经验和感觉的引导作用下，品牌定位可以做到比较理性化，定位结果似乎比较合理可行，但是，市场是充满变化的，是不以人们的意志为转移的，操作中的突发因素也会使市场运作结果变得不可驾驭。最典型的例子就是有些被设计部门和销售部门普遍看好的款式遭遇市场败绩，相反，一些事先并不起眼的款式却有可能成为一再返单的畅销产品。因此，品牌定位仅仅是一种有根据的预言，预言与现实会有一定的距离。当品牌定位经过一定时间的运作，出现与预期结果误差较大的情况时，可以对原来的品牌定位进行工作检讨，及时找到主要原因，进行品牌的再定位。

在着手考虑是否要改变原来的定位时，可以从两个角度出发：一是通过为竞争品牌进行再定位，获得本品牌发展的空隙；二是调查研究消费者的需求，为本企业品牌进行再定位。在适当的时候，需要把市场作为检验的标准，做出必要的定位修正。

需要注意的是，品牌重新定位并非品牌更新，并不意味着品牌经营者马上放弃现在的品牌定位，重要的是通过解决一些问题，以保持品牌的成长和稳定。品牌经营者在再定位时应注意以下几大要点：

（一）确定再定位的原因

由于品牌定位牵涉企业内外方方面面的许多因素，品牌定位发生问题不一定在接下来的任何环节都会出现问题，但是一个环节出现的问题可能会影响整个全局的形式表现出来，如果不找准原因，整个策划都须推倒重来。因此，当运作过程出现问题时，应该排除表面现象，仔细分析问题的根源，寻找造成这些问题的原因，就可以在品牌再定位时找到突破口。一般来说，撇开品牌定位方案本身的原因，影响品牌定位的因素主要分为两大方面：一是企业外部因素，如宏观经济环境的变化、行业竞争状况的变化、消费者的消费观念变化和合作伙伴的变化等；二是企业内部的因素，如人员变动、效益变化和制度变化等，找准究竟是什么原因使品牌需要再定位，企业才可以对症下药。

（二）客观分析形势与评估

找到品牌再定位的主要原因以后，必须对品牌目前的运作状况进行全面的检查和评估，这是对品牌定位方案本身的检讨。这项工作相对来说比较容易，只要对照原来的方案逐项审核，检查一些必须达到的数据和指标，对重点环节的重点人物进行个别恳谈，就能使问题露出水面。对于老品牌的再定位来说，确定了再定位的必要性以后，应该进行主要依据消费者和市场的调查，调查内容主要包括消费者和经销商对本品牌的客观评价、对其他品牌的比较认知、对消费行为变化的解释、对理想品牌的定义及其产品的属性分析、对同类产品的评价等，根据以上调研的结果对现有的综合形势做出总体评估。

（三）再次认清目标消费群

"第一是顾客、第二是顾客、第三还是顾客"，这似乎是市场经济不变的铁律，因为，只有顾客才能带来直接的销售回馈。这里的顾客包括普通消费者和专业客户等，而最需要认清的是普通消费者，因为品牌是介入零售行业的企业行为，零售行业面对的就是普通消费者，专业客户是根据普通消费者的变化而做出选择的。再次认清目标消费者的中心工作离不开目标市场的细分，社会上存在着形形色色的目标市场，不管什么品牌的产品，哪怕是10年前的积压产品，甚至是次等品，也会有它的目标消费群体。关键问题是，企业需要找到相对品牌运作能力来说最大化的、含金量最高的目标市场，才能信心百倍地投入全部财力和精力，重建新的品牌定位。

（四）应用最新的定位手段

原先的品牌定位是在原有的产业背景下、运用原来的品牌定位理论和方法进行定位的，随着时间的推移，新的观念、新的理论和新的方法不断出现，以前的东西可能不再适用，至少是部分东西不能适用。因此，负责品牌定位的人员必须时刻关注业界新的变化，利用最新的成果对品牌进行再定位。当然，最新的东西不一定是最好的，应该是采取"新中选优"的原则，而不能一概地"唯新论"。通过业界调查研究，在品牌再定位的过程中，以新的品牌定位为核心，加入对本品牌来说最为适用的新观念、新方法，防止新定位与新运作的脱节甚至背离。

（五）处理好与原定位的关系

原来的定位可能并非一无是处，也许只是运作过程不力，或者运作时机不成熟。因此，认真分析一下原本定位是否存在合理部分，包括运作的现状中哪些部分可以保留下来，并注意新的定位与其无间隙衔接。比如，对原来人员、卖场、客户和货品的整合，对原有资金的梳理和追讨等。虽然谁都希望在一张白纸上画画，但其代价也是可观的。如果能够利用现状中的合理部分，既可以节省大量重置资金，也可以缩短另起炉灶所需要的大量精力，为立足市场争取宝贵的时间。品牌再定位方案策划好以后，应该通过一定的手段，将新的品牌运作信息传递给每一位相关人员，使之深入人心，成为新的品牌行动纲领。

品牌的定位是一项长期的工作，需要不断地去传播和加强，同时，这种发展又是动态的，所以品牌在成长过程中，定位应随着消费者的需求不断调整。品牌的再定位对于企业来说很可能是一件痛苦的事情，因为当原有定位这一基石发生改变时，整个品牌都可能会受到影响而发生变化。所以对于具有积极意义的品牌再定位，企业可能会"高调"进行，此时，再定位这一调整便成为一次绝佳的营销传播机会，更是提升品牌形象的绝佳时机。

第三节　品牌理念与品牌风格设定

品牌理念与品牌风格取决于品牌定位。如果说一个人是因为有了思想而有了灵魂，那么理念就是品牌的思想，也正是品牌的灵魂。品牌理念并非一成不变的，它是在总主旨不变的情况下，随着时代背景和市场的变化而调整的，所呈现的品牌风格也是在基调相对稳定的情况下，将细节元素进行灵活运用和丰富变化，如此才能在长久的时间里赢得消费者对品牌的忠诚度，同时在稳定中又能带来常变常新的感受。

服装品牌理念作为一种指导思想，贯穿于服装品牌策划与运作的整个过程。服装品牌风格指的是服装品牌作为物质所反映出来的视觉形象的表征，也是服装品牌和产品集中体现出来的审美取向和个性特征，是对品牌理念统一和完整的诠释。

一、品牌理念

品牌理念能够体现企业自身的个性特征，促使并保持企业正常运作以及长足发展，并且反映整个企业明确的经营意识。

（一）品牌理念的定义

品牌理念是品牌精神和品牌价值的核心，如同一个人的哲学观念和价值信条。品牌理念在品牌发展过程中吸引消费者，并由此建立起消费者的品牌忠诚度，提高产品附加值，从而创造品牌在市场上优势地位的观念。品牌理念包括企业使命、经营思想、行为准则三个方面，通过品牌理念，企业可以向消费者传达其经营动机、存在意义和理由。

（二）品牌理念的重要性

1. 理念是服装品牌的灵魂

理念成为服装品牌企业必须建立的思维识别系统，是企业各个环节链应该遵循的主旨，包括管理理念、设计理念、形象理念和营销理念等。其中，设计理念是直接与产品企划相关的，设计理念是品牌理念的具体实施，是设计思维的根本所在，是产品企划的主导。没有清晰的产品设计，后面的视觉企划、形象企划、营销企划都会受到影响，最为严重的是在发展中影响品牌的竞争力和生命力。品牌理念的传递可以通过品牌的推广活动，借助服装产品、品牌LOGO、广告宣传和卖场展示等方面，将品牌的核心价值观呈现给消费者，进而通过市场的销售情况和消费者的购买评价得到检验，获得品牌认同，并保持其稳定地发展。

2. 有利于设计师对产品企划进行准确把握

设计理念确立了产品表达的方向。设计师在进行产品企划过程中，设计主题、设计形式、设计细节等都是在其理念的主导下完成的。设计师在设计理念的指导下，更能充分了解品牌的特点和价值导向，个人设计思维尽可能与企业整体理念相协调，从而进行准确的品牌产品企划和产品设计。

3. 有利于设计风格的明晰和准确

理念的设定确立了企业的性格和服装品牌的定位。各类风格都有其设计视角和表达形式，如何在同类品牌中更突出，更具个性的品牌理念则指明了总体方向。设计风格从大类上来说有十几种之多，两两风格之间又形成特色，而每一种风格又由于定位层次的不同，出现档次或细类的差别。如休闲风格服装可细分为日常休闲、商务休闲、运动休闲、旅游休闲和民俗休闲等。这些不同服装产品细分的表现，主要源于对理念不同的把握，如此形成的产品风格也直接关联着品牌的形象，在同一理念的引导下，企业所生产的服装产品系列包括其他一些延展系列都通过设计风格贯穿起来。

4. 有利于消费者识别和追随

在众多品牌中，消费者选择某品牌或产品，是因为品牌表达的理念与这类消费者的直观感受一致。当品牌理念中的审美情趣、价值追求、生活方式表达和文化品位诉求等正是消费者的诉求，自然会吸引他们的关注并激发购买兴趣。在品牌追随理论中，谈到风格的稳定对形成消费忠诚的重要性，得出的结论是只有鲜明的风格，并在品牌长久发展中保有、变化和不断创新，才会得到消费者的信赖。

（三）品牌理念的层次

1. 产品性理念

产品性理念是指品牌着重传达产品的物质价值。这一层次的品牌理念主要传达企业给消费者的物质功能利益，以产品的质量和功能等要素承载。此部分理念突出了服装制作的专业性、科技性、精湛性和高品质性等产品基础性要素。

2. 形象性理念

形象性理念是指品牌理念着重传达服装设计中象征性符号等形象要素，以此表达消费者的审美需求、形象特征和生活方式等。形象理念主要源于目标消费群生活方式的描绘和艺术化概括的提升，在表现上通过塑造鲜明的品牌形象，来演绎目标消费者的生活方式和生活追求。

3. 情感性理念

情感性理念是指品牌理念着眼于顾客在购买和使用过程中产生的某种感觉和体验。这种感觉为消费者拥有和使用品牌赋予了更深的意味，并营造了密切互动的关系。知名品牌的理念往往包含某种情感性价值，以宣扬目标消费群的情感诉求、营造美好的个人愿景、传达群体的价值观，塑造一种新的生活方式。比如安踏（ANTA）的品牌理念是"永不止步"，美特斯邦威（Meters Bonwe）的品牌理念是"不走寻常路，每个人都有自己的舞台"，这些理念超越了服装本身和品牌形象的诉求，站在目标消费群的情感层面与之进行情感交流，表达了目标消费群的内心愿望，传达了品牌对消费者的价值承诺。

二、品牌风格设定

风格是指设计者在设计中所表现出来的设计特色和创作个性。品牌的设计风格是指在品牌理念的驱动下，以品牌文化和品牌诉求为原则，以时代变化和市场需求为导向，渗透了设计师个人风格的产品面貌特征的表达方式。消费者在对一个服装品牌认知的过程中，常常会被一种具体化的思维所吸引，可称为人们对品牌的期望值。也可以说，服装品牌的风格是一种可以为企业获取利润的精神利器。

（一）服装风格的定义

服装风格指一个时代、民族、流派或个人的服装在形式和内容方面所显示出来的价值取向、内在品格和艺术特色。服装设计追求的境界说到底是风格的定位和设计，服装风格表现了设计师独特的创作思想和艺术追求，也反映了鲜明的时代特色。

从理论上说，任何一件服装都可以划归到一定的风格类型里面，因为它们都符合产品设计风格的一般要素。在实践中，一些既鲜明又新颖的产品容易被人们关注，认为是具备风格的产品，而在某种背景下，一些特征比较模糊的产品往往被认为不具备风格。事实上，某种背景下的模糊不能说明没有风格，只不过是因其个性不明显而不能突出这种风格。

（二）服装品牌风格的形成因素

服装品牌的风格形成因素主要受到企业文化的影响、品牌诉求的约束和设计趣味的驱使。

1.企业文化的影响

企业文化是指运用文化的特点和规律，以提高人的素质为基本途径，以尊重人的主体地位为原则，以培养企业经营哲学、企业价值观和企业精神等为核心内容，以争取企业最佳社会效益和经济效益为目的的企业精神、发展战略、经营思想和管理理念，是企业员工普遍认同的价值观、企业道德观及其行为规范。企业文化是在企业发展过程中逐步形成和培育起来的，具有本企业特色。可以说，有企业就有企业文化。

企业文化影响着企业的每一位内部成员，这要求企业的每一个工作环节都要与企业文化建设设定的目标保持一致性。服装设计师作为企业成员之一，行为必须符合企业文化的总体需要，其设计风格不可避免地受到企业文化对设计风格有形的或无形的规定性作用。设计师在以前的设计实践中形成的个人化设计风格，在进入一个企业或品牌相当长的一段时间之后，在该企业或品牌文化氛围的影响下，都会或多或少地发生变化。

2.品牌诉求的约束

品牌诉求是有关品牌精神内涵和文化追求的责任语言。品牌诉求的实质是品牌愿景面向顾客的用户化体现，即通过通俗的可知觉语言，用实物形态，把品牌愿景解释为顾客可以感知的产品形式。品牌愿景是指一个品牌为自己确定的未来蓝图和终极目标，包括未来环境、品牌使命、品牌价值观三个部分，其主要作用是向自己的目标受众传达特定的品牌信息，并从企业绘就的品牌蓝图中，带给消费者实际利益和品牌价值。从品牌生命周期的理论来看，一个品牌在诞生、生存等不同成长阶段都有不同的品牌诉求，每个阶段都有不同的表达品牌诉求的语言。在品牌愿景的指导下，品牌诉求就有了相应的规定性。

3. 设计趣味的驱使

设计趣味是指设计师个人在具体的设计实施中所拥有的特殊爱好，表现为设计作品中固有细节的处理、色彩搭配和材料选择等倾向性表现。相对来说，设计理念是理性的，设计趣味是感性的，前者有某些理论特征，是用比较宏观的眼光看待设计；后者完全是实践操作，利用微观的手法处理设计，是设计作品中必不可少的亮点所在。

（三）服装的设计风格分类

随着时代的发展，服装呈现出的设计风格也越来越多种多样。从不同的角度对设计风格进行划分可以形成不同的类别：从风格样式上归类可分为民族类风格、历史类风格、艺术类风格和后现代思潮类风格等；从地域上分类可分为东方风格和西方风格、都市风格和乡村风格、民族风格和世界风格等；从造型的角度分类可分为经典设计风格、优雅设计风格、民族设计风格、运动设计风格、浪漫设计风格、田园设计风格、休闲设计风格、极简设计风格、中性设计风格、前卫设计风格等。以下从最常见的造型角度对服装设计风格进行分类。

1. 经典设计风格

经典设计风格是端庄大方、文静含蓄、色调沉稳和注重品质的一种服装设计风格。经典风格的服装不易受流行因素的影响，设计相对比较成熟，西式套装、风衣、正装衬衫是其典型的服装款式，大多数人能够接受这种相对比较保守和稳定的风格。经典风格的服装造型设计简洁高雅，装饰较少，服装廓型以X型、Y型和A型为主；面料多为传统的丝绸或精纺面料；图案多为条纹、格纹、千鸟纹等；色彩以黑、白、灰、藏蓝、酒红、墨绿、米黄色、咖啡色和棕色等沉静的古典色彩为主。众多服装品牌都会推出其经典设计风格的服装，例如，香奈儿的经典套装，如图3-3所示；博柏利的经典风衣，如图3-4所示；

图3-3 香奈儿品牌2022春夏系列

麦丝玛拉的毛呢大衣，如图3-5所示。

2. 优雅设计风格

优雅设计风格是一种兼具时尚典雅、高品质质感又具有强实用性的服装风格，突显端庄、高贵、温文尔雅的女性气质。优雅设计风格能融合流行元素，也能糅合其他风格，呈现时尚或复古的优雅感。这一风格讲究精致的细部设计，廓型多体现女性自然曲线的美感；色彩采用轻柔色调和灰色调，配色常以同色系色彩以及过滤色为主，较少采用对比配色；面料多采用质地柔软、悬垂性自然的高档面料，以彰显成熟女性优雅稳重的气质。代表性品牌有乔治·阿玛尼，如图3-6所示；纪梵希、伊夫·圣·罗兰，如图3-7所示。

3. 民族设计风格

民族设计风格是从不同民族的文化及服饰中汲取灵感，结合现代流行元素进行造型设计的一种带有浓郁民族风情的设计风格。常见的民族设计风格包括中国风格、日本风格、印度风格、波希米亚风格和苏格兰风格等。

民族风格的服饰在其面料、色彩、图案以及配饰中都流露出浓郁的民族气息，造型方面崇尚简朴大方、形象生动、变形夸张，常采用多层重叠结构，具有明显的民族服装特征；面料一般以棉、丝、麻等天然纤维为主；在装饰手法上常采用对比色系。知名服装品牌常借鉴各类民族元素推出设计独特的服装产品。代表性民族设计风格的中国风品牌有夏姿·陈，如图3-8所示；密扇，如图3-9所示；东北虎，如图3-10所示。

4. 运动设计风格

运动设计风格是借鉴运动装的设计元素，充满无限活力，兼具运动风和都市气息的服装

图3-4 博柏利品牌的经典风衣

图3-5 麦丝玛拉品牌2022秋冬系列

图3-6 乔治·阿玛尼品牌2018秋冬成衣系列

图3-7 伊夫·圣·罗兰品牌2022春夏系列

图3-8 夏姿·陈品牌2022秋冬系列

图3-9 密扇品牌2021春夏系列

图3-10 东北虎品牌2020春夏系列

设计风格，卫衣、运动针织裙、运动夹克是运动设计风格的代表品类，这类风格的服装也可在运动场合以外的非正式场合穿着。

在造型设计上，常使用面造型和线造型。线造型以圆润的弧线和平挺的直线居多，面造型多使用拼接形式，多为对称造型，整体设计简洁大方；廓型以H型和O型为主，自然宽松，穿着舒适，便于活动；面料常用具有良好透气性与吸湿功能的针织类纯棉面料，如网眼针织面料，以及防水、防风等功能性梭织面料；色彩多为红色、黄色、蓝色、绿色和橙色等高纯度的明亮色彩，对比强烈的色彩使服装富有朝气和活力；局部设计便于运动调节，如运动夹克往往采用插肩袖，为着装者提供更多可活动空间，袖口、下摆运用橡皮筋、罗纹带或者可调节的按扣等。近几年众多品牌都推出了运动设计风格与时尚流行趋势融合的服装系列，如李宁，如图3-11所示；斐乐（FILA），如图3-12所示；Y-3，如图3-13所示。

5. 浪漫设计风格

浪漫设计风格又称浪漫主义风格，是将浪漫主义的情怀和艺术理念应用到服装设计中的风格。这种风格源于19世纪的欧洲，其主体思想带有那个时代的艺术精神特性，崇尚自然，强调主观情感和想象，如巴洛克和洛可可时期的服饰就具有鲜明的浪漫主义风格特点。

不同于古典主义的服装设计风格，浪漫主义设计风格具有妩媚、性感和奢华的设计气息，常用复古、怀旧、民族等设计主题。其服装造型设计新颖独特，或柔美或奔放；色彩以柔和淡雅的色系为主，如白色、粉色、淡紫色等；面料多选用柔软轻薄、悬垂性强的丝、棉织物，如乔其纱、雪纺、蕾丝、经过特殊处理的天然和仿天然肌理织物等，使服装在穿着的运动过程中产生轻快飘逸之美感；还善于运用各种装饰，如刺绣、镂空、亮片、流苏、花边、蝴蝶结、花饰等；图案多为花卉，塑造出女性柔美与浪漫的特征。浪漫主义设计风格的代表设计品牌有古驰，如图3-14所示；裘淑婷（Shuting Qiu），如图3-15所示。

图 3-11　李宁品牌 2021 春夏系列

图 3-12　斐乐品牌 2020 春夏系列

图 3-13　Y-3 品牌春夏系列

6. 田园设计风格

田园设计风格的设计理念源自 19 世纪启蒙运动中"回归自然"的理念，这种理念如今成为流行服饰风格的表现主题之一。田园设计风格摒弃经典的艺术传统，追求一种简单、恬静、淳朴、清新和自然的美，反对喧嚣华丽和烦琐的装饰，穿着这一风格的服装给人带来悠闲、浪漫、舒缓的心理感受。最具代表性的服装品牌有路易莎·贝卡里亚（Luisa Beccaria），如图 3-16 所示。

田园设计风格常从大自然中汲取设计灵感，如树木、花草、高山、河流和大漠等，展现自然无穷永恒的魅力。服装款式宽松，采用天然材质，色彩丰富以大自然为基调，适合人们在参加郊游这类轻松活动时穿着。

7. 休闲设计风格

休闲设计风格在穿着上与视觉上追求轻松、随意、舒适与自由，适合人群的年龄层和阶层跨度较大，是适

图 3-14　古驰品牌 2022 春夏系列

图3-15　裴淑婷品牌2021秋冬系列

图3-16　路易莎·贝卡里亚品牌2020早春系列

图3-17　思琳品牌2021秋冬系列

图3-18　亚历山大·王品牌2021秋冬系列

合大多数人群在休闲日常穿着的一种服装风格。

休闲风格的服装在造型元素的运用方面没有太明显的倾向性，整体造型设计追求自然宽松，外轮廓以O型和H型为主，弧线设计较多，装饰性元素的运用根据当期流行稍加变化，讲究服装搭配的层次感和随意多变；面料多为柔软透气的天然面料，如棉、麻等，也会运用经过涂层、亚光、特殊肌理效果等处理的面料；色彩多采用具有流行特征的中性色或含灰的明亮色彩。思琳（Céline），如图3-17所示；亚历山大·王（Alexander Wang），如图3-18所示，都属于休闲设计风格的代表品牌。

8. 极简设计风格

极简设计风格，又称极简主义风格，意为简约的极致，追求简到极点。极简风格设计注重的是品质和本质的设计，通过精确的结构设计，细致的细节处理加上面料性质的合理运用，塑造出洗练的造型和精准的廓型。极简设计风格几乎不需要任何装饰，去繁从简、去粗取精，从而融入了更多精神层面的内容。

极简主义简洁而不简单，虽看似简单，却表现出一定的内涵和品位，很好地诠释了低调奢华。极简风格很少出现装饰图案，常采用纯色或者面料自身的颜色，运用冷色系或清新色系来表现极简风格服装的特点。其代表品牌有无用（Wu Yong），如图3-19所示；吉尔·桑达（JIN SANDER），如图3-20所示。

图3-19　无用品牌的服装陈列

图3-20　吉尔·桑达品牌2022秋冬系列

9. 中性设计风格

中性设计风格在20世纪30年代流行起来，随着人文主义的复兴，人们追求自由和个性化且反抗权威专制和世俗束缚，这种思想在时尚上最直接的体现就是中性美的流行。中性美带着挑战世俗的精神，如今的中性装扮已经演变成女性硬朗有主见的表征。此风格在款式上以直线条为主，通常采用高档或者比较具有中性风格的面料；色彩上多选用沉稳和庄重的颜色，或使用不同明度的灰色来体现出干练或雅致的品位。其代表品牌有山本耀司，如图3-21所示。

图3-21　山本耀司品牌2022秋冬系列

10. 前卫设计风格

前卫设计风格受波普艺术、抽象派艺术、朋克风、摇滚风和街头文化等影响，突破了经典的美学标准，成为一种反叛和创新的精神象征，以颠覆传统、标新立异的艺术形式为主要特征。

图3-22　艾里斯·范·荷本设计的3D打印服装

前卫风格服装的灵感来源极具创意性，善于运用反传统、超出常规的设计元素，运用夸张、变形等手法进行错位设计，形成超乎寻常的或奇特、或怪异的造型设计；色彩通常打破传统的规律，营造出新颖奇特的色彩效果，视觉冲击力极强；面料普遍表现为新奇和时髦，选用的材质如皮革、金属、塑料、涂层面料和闪光材质等。前卫的服装设计风格成为个性化设计的代名词，其中一些设计元素也逐渐被运用到年轻人日常便装的设计中。

除了以上几种常见的设计风格外，在未来新科技、新工艺、新思潮的影响下，服装设计风格会往新的方向发展，设计风格将会更为抽象，在复制、模仿、改造原有的设计风格上不断突破美学标准。例如，荷兰的服装设计师艾里斯·范·荷本（Iris van Herpen），在服装中加入3D打印技术，让服装有了更多材质的选择，如图3-22所示。

第四节　品牌标志设计及注册

品牌标志（LOGO）设计与企业的经营紧密相关，标志设计是企业日常经营活动、广告宣传、文化建设和对外交流必不可少的元素，它随着企业的成长，其价值也不断增长。品牌注册也是品牌创立至关重要的一步，品牌注册若不成功，就代表着其创立的品牌不具备合法性。

一、品牌标志设计

品牌标志是品牌形象的核心部分，是表明事物特征的识别符号。其以单纯、显著、易识别的形象、图形或文字符号为直观语言，除了表示什么、代替什么外，还具有表达意义、情感和指令行动等作用。视觉和图像在西方的文化传统中一直占据着重要的地位，在古希腊哲学界的观点中，视觉比其他感官更综合，更具精神性。随着现代经济技术的不断发展，视觉文化也进入了新局面，品牌标志设计也随着视觉文化的发展越来越受到人们的重视。

（一）品牌标志的重要性

品牌标志能够凝聚企业理念、展现企业文化，并通过符号向受众传达特定含义，包含了品牌形象与品牌精神。尽管一些品牌标志是由品牌名称构成的，但是由于经过了特定的视觉艺术设计，所以不同于作为品牌名称的语言符号，而是作为品牌的外在识别要素，包含着非语言符号的成分。品牌标志在日常生活中随处可见，应用范围极广，且与消费者接触的频率很高，以至于商家对品牌标志的设计也尤为重视，品牌把品牌标志作为企业形象的重要组成部分，都希望自己的品牌标志设计能出彩夺目，不惜花费大量财力和物力来保护这些代表企业无形资产的符号。品牌标志对消费者来说也有重要的意义，表现为占有某种商品。尤其是名牌商品，该商品上的标志是一种依据，是自己消费行为的凭证，无论它是代表品质优良还是价格昂贵，品牌标志都能成为这种特定意义的象征符号。

（二）品牌标志的设计原则

品牌标志承担着双重任务，一是传达品牌信息，二是吸引受众并强化记忆。品牌的标志与产品相互作用，质量过硬的产品能够强化标志的权威性，增加产品的信赖感。有时品牌标志甚至比产品本身的内涵和意义更加丰富，所以在促成消费者的信赖方面，品牌标志的作用无可取代。为使品牌标志的作用充分发挥、使产品和企业的信息能够得到充分有效传播，品牌标志的设计者应充分认识到符号的作用，在品牌标志设计也就是品牌符号的建构过程中，它的基本要求都要在符号化中体现出来：

1. 构建完整的视觉整体

品牌标志需要能够将企业的品牌形象与所生产的产品成为一个完整的视觉整体，要用符号表达信息、传递内容。各种点、线、面、色彩等要素相互组合形成一个整体，所以可以说它们是一个完整的符号，并且能够在环境的背景中突出显现出来，吸引消费者的视线。品牌标志无论是利用的文字符号还是图形符号，只有各要素组合得和谐、均衡和统一，才能使品牌成为一个完整的形象，才能让消费者尽快接受品牌并深入人心。

例如，法国高级女装品牌纪梵希的品牌标志中，设计师把一个"G"（代表Givenchy）与另外三个"G"[分别代表古典（Genteel），优雅（Grace），愉悦（Gaiety）]组合在一起，创造了一个形式感突出，寓意深刻，令人过目不忘的品牌标志，如图3-23所示。

2. 传达品牌的象征意义

每一个品牌形象的设计者都希望设计的品牌标志能够向消费者传达产品信息，能使消费者从品牌标志中直观地感受和领悟到商品或服务的意义所在。因此，在标志的设计时，就需要通过恰当的形象提炼、形式的审美化、各种隐喻或是象征符号的运用使品牌标志的含义更加丰富。

例如，有着80多年历史的法国著名品牌香奈儿的品牌标志是两个"C"的交叉，如图3-24所示，品牌的创始人香奈儿的名字又被称作"Coco Chanel"，双"C"取自她的名字，并使用了她最喜爱的黑白搭配，完美地体现了香奈儿品牌的简洁和优雅，诠释了另类的时尚奢华，实现了完美的和谐。

3. 简洁明确以便于识记

品牌标志的形象应当简洁明了，不宜太过复杂。随着现代生活节奏的不断加快，人们每天要接触大量的信息，纷繁复杂的事物可能会被人在大脑中自动过滤淡忘，简洁突出的事物才易于在人们心中留下印象，品牌标志亦是如此。如今许多著名的企业都已经对自己原本复杂的商标进行了不同程度的简化，这更加说明品牌的标志应遵循简洁明确，单纯凝练的原则，以便于消费者认知和识记，使人过目不忘。设计时还应注意图形的均衡与稳定，对比与协调，只有这样才能增强对受众的亲和力。

图3-23　纪梵希品牌标志

4. 饱含艺术特色

品牌标志在满足企业传递内涵意义的同时，还要能给受众以美的享受。品牌标志符号的使用要综合各种视觉要素，充分发挥图形、文字、色彩的视觉表现力，唤起人们的视觉美感，引起美的共鸣和冲动。

例如，创立于法国的世界著名奢侈品品牌爱马仕（Hermès）的品牌标志由两个要素组成：一辆马车、马车主人，这个标志借鉴了阿尔弗雷德·多尔的名画作品《四轮马车与马童》，如图3-25所示。品牌标志不仅与品牌创立之初只是经营马具的历史相符合，也以象征的符号暗示爱马仕虽然能够为消费者提供上乘的商品，但是让产品的特色得到真正发挥，还需要购买爱马仕的消费者自己去驾驭。在发挥标志符号象征含义的同时，又能引发消费者积极的意义联想，且将爱马仕超凡卓越的理念展现得淋漓尽致。

图3-24　香奈儿品牌标志

图3-25　爱马仕品牌标志

5. 具有一定的信息冗余度

随着时间的推移，很多品牌标志的宣传牌可能会产生扭曲变形或褪色现象，这时，如果品牌的标志具有足够的信息冗余度，那么即使变形、变色，或者被局部遮挡，人们仍然能够从剩余的信息中识别出品牌。因此，要保证品牌标志传达的信息有效，就有必要具有一定的信息冗余度，这是对信息有效传播的基本要求。

二、服装品牌的商标注册

商标注册，是指商标所有人为了取得商标专用权，将其使用的商标，依照国家规定的注册条件、原则和程序，向商标局提出注册申请，商标局经过审核，准予注册的法律事实。经商标局审核注册的商标，便是注册商标，享有商标专用权。创立新的服装品牌必须进行品牌商标注册，商标注册有利于品牌产品的销售和企业知识产权的保护。我国商标法规定，商标注册申请人必须是依法成立的企业、事业单位、社会团体、个体工商业者、个人合伙或者与中国签订协议、与中国共同参加国际条约、按对等原则办理的外国人或者外国企业。符合上述条件，需要在取得商标专用权时，按照自愿的原则，向商标局提出商标的注册申请。

（一）商标注册的重要性

一个企业使用的商标如果不经过注册，最致命的弱点就是商标使用人对该商标不享有商标专用权，也就是说在使用这个商标的同时，别人也可以使用这个商标，这就使商标标明商品来源的基本作用受到影响，导致商标代表一定商品质量和信誉的作用大打折扣。

未注册商标的第二个弱点是，一旦他人将该商标抢先注册，该商标的最先使用人反而不能再使用该商标，这方面的教训是非常深刻的。根据中国《商标法》，商标专用权的原始取得只有通过商标注册取得，而申请商标注册，又采用申请在先原则，即对一个未注册商标来讲，谁先申请注册，该商标的专用权就授予谁。因此，不管一个企业使用一个商标多久，如果它没有将该商标注册，那么，只要别人将该商标申请注册，商标专用权就会授予别人。

未注册商标的第三个弱点，就是未注册商标有可能与使用在相同或类似商品上的已注册商标相同或者近似，从而发生侵权行为，这就要求侵权人承担侵权的法律后果。所以，使用未注册商标，不管本意如何，总是存在侵犯他人注册商标专用权的可能性。侵权就要受处罚，赔偿经济损失，会直接影响到企业的生产经营活动。为了服装品牌的正常经营与良好发展，也为了尊重他人注册商标的专用权，品牌应当按正规程序申请商标注册。

未注册商标第四个弱点，就是未注册商标不能形成工业产权，因此也不能成为使用人的无形资产。由于《商标法》规定，注册商标专用权受法律保护，未注册商标不受法律保护，其使用人也不享有商标专用权。从严格意义上讲，在中国只有注册商标才是工业产权，只有注册商标才能成为企业的无形资产。

（二）商标注册流程

商标注册的流程大致如下：

商标查询（2天内）→申请文件准备（3天内）→提交申请（2天内）→缴纳商标注册费用→商标形式审查、下发商标受理通知书（1个月）→商标实质审查（12个月）→商标公告（3个月）→颁发商标证书（总共需要14～18个月），如图3-26所示。

1.商标查询

商标查询是指商标注册申请人或其代理人在提出注册申请前，对其申请的商标与在先注册的商标有无相同或近似的查询工作。

以下几种情况在此说明：

（1）本身缺乏显著性或属于商标法律禁注禁用的词语，此情况不能通过查询来判断其申请注册是否能被核准。

（2）如有在先申请的相同或近似商标在查询时还未进入商标局数据库，因两者时间相近会使查询结果无法反映。

（3）如查询报告提供了几个可能构成近似的商标，代理人只能通过一般审查标准和经验来做出分析，其意见仅供参考，并不能代表商标局的审查意见。

（4）对于组合商标，如仅查询了商标的一部分（如中文或英文），而实际申请商标中的其他部分（如图形）与他人的注册商标相同或近似，此情况也会导致商标整体被驳回。

（5）委托人在查询时仅提供了商标的名称，但实际申请时所提供的商标设计稿中由于字体、色彩、结构或排列的差异，也会导致查询结果不能完全反映相同或近似的程度。

2.商标审查

商标审查分形式审查和实质审查。

（1）商标形式审查（3~4个月）：确立申请日十分重要，由于中国商标注册采用申请在先原则，一旦发生申请日的先后成为确定商标权的法律依据，商标注册的申请日以商标局收到申请书件的日期为准，商标局收到商标申请书对于符合形式要件的申请书发放受理通知书。

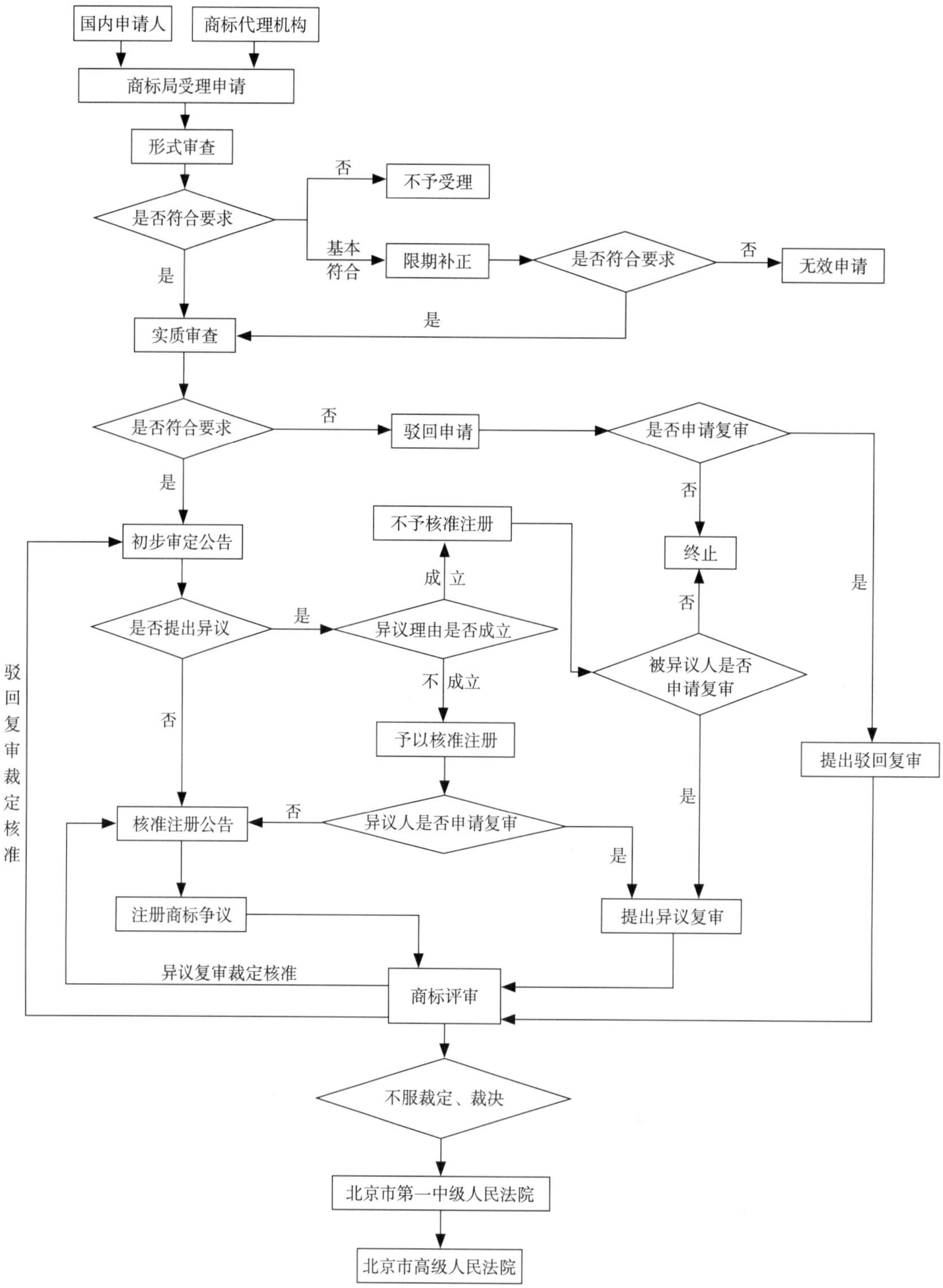

图 3-26　商标注册流程图

（2）商标实质审查（12个月）：商标实质审查是商标注册主管机关对商标注册申请是否合乎商标法的规定所进行的检查，包括资料检索、分析对比、调查研究等，并决定给予初步审定或驳回申请等一系列活动。在此期间，在该商标未获准注册以前，不要在使用中标注注册标记（如"注册商标""Ⓡ"等），可以标记"TM"。另外，在未核准注册以前，有该商标的商品及包装物，或商标标识不宜一次制作过多，以防因注册受阻而造成不必要的损失。

3. 公告

商标的审定是指商标注册申请经审查后，对符合《中华人民共和国商标法》有关规定的，允许其注册的决定，并在《商标公告》中予以公告。初步审定的商标自刊登初步审定公告之日起3个月内，没有人提出异议或提出异议经裁定不成立的，该商标即注册生效，发放注册证。

（三）服装商标的注册费用及办理方式

服装商标注册费用规定为1000元，这是上报到商标局的费用，如果是委托代理机构办理的，还需另交1000元左右的代理费用（代理费用视代理机构服务水平而定），申请10个商品/服务项目以上，官费增加100元/个，代理费80元/个。

服装商标注册办理方式有两种：①申请人直接到国家商标局办理；②委托代理机构办理。

在提供上述资料后，由商标代理机构制作好《商标注册申请书》《商标代理委托书》，申请人签章确认，缴纳注册费用并签订相应合同，当天（12点前）报送国家商标局进行申请，当天返回商标局报送清单。

注册商标的有效期是根据商标法的规定，注册商标的有效期为10年，自核准之日起计算。有效期期满之前6个月可以进行续展并缴纳续展费用，每次续展有效期仍为10年，续展次数不限。如果在这个期限内未提出申请的，可给予6个月的宽展期。若宽展期内仍未提出申请的，商标局将其注册商标注销并予公告。

本章小结

1. 品牌是一种名称、术语、标记、符号或图案，或是它们的相互组合，用以识别企业提供给某个或某群消费者的产品或服务，并使之与竞争对手的产品或服务相区别。

2. 品牌名称可以被看作一种语言符号，它的存在主要通过语言和文字传达，是一个品牌进行传播的先决条件。品牌的名称是企业的产品或者服务最直接的外在表现元素，是企业和消费者沟通的桥梁。

3. 品牌定位是服装商家在市场定位和服装定位的基础上建立的一个与目标市场有关的品牌形象的过程和结果，为某个特定的服装品牌确定一个适当的市场位置，使商品在消费者潜意识里占有主导地位。

4. 品牌理念是品牌精神和品牌价值的核心，是在品牌整个发展过程中吸引消费者，并由此建立品牌忠诚，提高产品附加值，从而创造品牌在市场上优势地位的观念。

5. 品牌的设计风格是品牌文化理念的表达。风格是指设计者在设计中所表现出来的设计特色和创作个性。设计风格是指在品牌理念的驱动下，作品所表现出来的艺术趣味。

6. 标志设计与企业的经营紧密相关，商标设计是企业日常经营活动、广告宣传、文化建设、对外交流必不可少的元素。品牌注册也是品牌创立至关重要的一步，品牌注册若不成功，就代表着其创立的品牌不具备合法性。

思考题

1. 国内服装品牌的标志设计相较国外服装品牌标志设计有什么区别？
2. 为自己想创立的服装品牌进行标志设计，并思考设定的风格与理念。

CLO 3D

第四章
服装品牌的产品开发

课题名称：服装品牌的产品开发

课题内容：流行趋势研判
　　　　　服装产品的设计
　　　　　服装设计图绘制
　　　　　工艺制板与成衣

课题时间：12课时

教学目的：通过服装品牌的产品开发内容的学习，从流行趋势调研、品牌企划制作、产品设计与图样绘制，到最终的生产落地，使学生充分了解服装品牌的产品开发全过程。

教学方式：1.教师PPT讲解基础理论知识，并根据教材内容及学生的具体情况灵活制定课程内容。
　　　　　2.加强基础理论教学，重视课后知识点巩固，并安排必要的练习作业。

教学要求：要求学生掌握服装品牌的产品开发过程，并能够对不同服装品牌的产品开发模式和生产模式进行探讨。

课前（后）准备：1.课前预习本章节，并了解服装品牌产品研发的具体案例。
　　　　　　　　2.课后提交课程报告，并针对所学知识点进行反复思考和巩固。

品牌竞争的实质是产品的竞争，服装品牌策划与运作的一切战略战术都是围绕着产品展开的。在服装品牌的创立中，最重要的任务就是产品的开发。服装产品的样式、价格、质量等，将直接决定服装品牌的市场定位。好的服装品牌会依据自身的独特理念和相对优势，基于前期大量的市场调研和分析后，开发出最具市场竞争力的产品，牢牢抓住品牌的目标客户群体，从而使产品在市场中占据先机。

服装产品的种类繁多，不同的服装涉及不同的面料与工艺，另外，由于衣着功能不同，对设计的要求也各具特点，如男装、女装、童装、职业装、内衣、休闲装等的设计要求各不相同。服装产品既包容广泛又复杂多样的，它需要一定的艺术性创作，也要有基于产品功能的实用性考量。任何服装品牌都不可能类类精通、面面俱到地占据所用品类的市场，因此，企业如能发挥企业内部的优势，选择出最适合自己的产品定位，并进行设计和生产的优势整合，在提升产品生产效率的同时，将生产成本压缩至最低，便可在纷繁的市场中顺畅自如、得心应手。

本章节主要从服装品牌的流行趋势研判、服装产品的设计、服装设计图绘制、工艺制板与成衣四个方面进行主要的分析讲解。包括应对不同环节时所需考虑的主要因素，都进行了不同层次的阐述。同时，在阐述服装品牌产品开发的过程中，企业该如何对近年来行业内出现的一些新的工作模式和呈现方式进行取舍，这也是本章节需要探讨的问题。

第一节   流行趋势研判

流行趋势是在未来的一段时期内出现的社会现象，这种现象是由某种生活方式或观念意识所形成的，是一个时代的表达。

美国社会学家布卢默（Herbert Blumer）认为，现在是消费者自己在制造流行的时代，是设计师在适应消费者的需求。现代流行实质上是通过大众的选择实现的，虽然从表面上看，掌握流行领导权的人是创造流行式样的设计师和选择流行样式的客商，但实际上他们也都是某一类消费者或某一消费层的代理人，只有消费者的集体选择，才能形成真正意义上的流行；美国学者Rita Perna则认为井然有序的思考和确实可靠的指引路标可以帮助提高预测各种新趋势的准确程度。因此，流行趋势的设计不仅给服装品牌策划师提供策划思路，也为设计师指明设计方向，还能通过服装流行趋势的设计引导消费者的购买行为，使服装品牌最终能够在商业竞争中获得优势地位。

一、服装流行的规律

现代服装流行的规律往往以新奇为起始，至普及而告终。根据社会人群对服装流行的接受程度，一般可分为始发期、上升期、高潮期、消退期四个阶段，这四个阶段共同构成服装流行的周期。

（一）始发期

服装流行的始发阶段是流行的生命起始，受众范围虽小，但却预示着强劲的发展势态，此时，传媒的作用显得尤为关键，发布会、展示会、促销会及广告宣传共同主导流行时尚的主流方向。

（二）上升期

上升阶段的流行服装免不了调整与修改，多采用系列组构的方法将市场反馈信息及时反映到完善产品系列、充实产品结构中去，使消费需求尽可能快地成为现实，从而扩大消费群体。同时，系列产品的组构形式不仅使流行在共性中体现个性，延长流行的生命周期，还能在很大程度上缓解工业化生产中要求大批量、标准化与市场需求多品种、小批量、个性化之间的矛盾。

（三）高潮期

服装流行的高潮阶段处于盛行期，这时流行样式、着装方式、生活观念获得了社会的广泛认同，接受、参与的人数上升到预期的最高指数，对于一个服装品牌而言，表现为消费群极度庞大，目标顾客超出了预计数量。受利益驱使的许多服装企业纷纷将同类产品，甚至仿冒产品大量投入市场，很快使市场需求达到饱和，这样流行就进入高潮期。

（四）消退期

盛行的结果即是消退期的开始，过剩产品渐渐无法引起消费者的购买欲，这时流行成衣已变成司空见惯的大路货，人们的新奇感、个性表现欲因产品的普及而消失，于是各种理由的"打折""回报"引发的价格战妄图再度激起消费浪潮，然而，即使仍有一些利好消息出现，但终究免不了衰亡和消退，这正是事物发展的普遍规律。因为新的流行早已开始并已进入上升阶段，喜新厌旧的人们已经将目光转移到新一轮的流行中。

二、影响服装流行的因素

服装从诞生起就在不断地变化与发展。从空间的角度看，不同的地域、不同的民族、不同的国家，其民俗习惯和民族服装也不一样；从时间的角度看，不同历史时期的服装也各不相同，每个不同的历史阶段都有着各具时代特色的服饰。每一种服装都有从产生、发展、繁荣、衰退，一直到消亡的变迁过程，服装的变化千姿百态、无穷无尽。但在这无穷的变化之中，我们可以发现些规律性的东西，如产生变迁的起因规律，导致变迁动态的法则，规定变迁形式的原则，暗示变迁归结的通则等。所有的服装都是在这些规律、法则的支配下去变化和发展的，过去的服装变迁受制于这些规律，将来的服装变迁同样要受制于这些规律。

服装流行是从服装信息传达与交流之中而产生的。现代的世界物质文明高度发达，科技成果日新月异，交通工具日益发达，世界在无形中变得"越来越小"，人们的距离越来越近。人们借助日益便捷的交通工具，尖端可视物品，如电视、电影、计算机网络、通信卫星传播等，使整个地球上人类的思想与感情也越趋密切而融合。只要先进国家有了某种新的发现，其他国家和地区就会紧随着加以效仿和研究，服装正是在国与国或地区与地区之间的思想文化相互交流的条件下形成了一个国际共同的形式，这也就是国际流行的产生。当前，人类正处在工业化高度发展的时期，在服装方面，人们在经济实惠、节省时间的原则之下，很愿意穿着机械化生产的成衣，这样的服装在高度工业化的大批量生产中，人们在爱好新奇与效仿以及从众心理与信息传达的综合因素下，就形成了服装的流行。

（一）人的因素

人的因素方面又可分为人的生理因素和人的心理因素。

生理因素：服装流行是人着装后产生的，服装是衣与人的整合，是人着装后的一种状态。人的生理特征与服装的流行有着直接的关系，它主要体现在人体对服装结构的合理性要求和生理本身对服装的物理性能（如服装的透气性、吸湿性、防晒性、服装的牢度和强度等）的要求上。由于各种环境不同，如气候条件、地理环境等，使人们在日常的生活中会遇到各种各样的难题，包括人的生理机能因环境而失调，在这种特定背景下，人们需要靠某种服装来进行调节，这样自然地就出现了某种服装的流行，如世界上军装的流行就有其一致性的因素。

心理因素：如果把生理因素看成是硬件因素的话，那么心理因素则是流行产生的软件因素，人们通过选择服装来表达对美的追求、对趣味的追求、对个性的追求，乃是服装流行产生的最深层次的心理。

1. 厌旧心理

喜新厌旧的心理是一种正常的、健康的心理，正常人都会有这种心理特征。它反映在审美活动中不断地利用新的流行服装来满足这种心理的愿望，也正是由于人们这种喜新厌旧的心理存在，才使服装的流行更具有生命力。

2. 个性的自我表现心理

追求与众不同是许多人的一种心理要求，这种心理行为表现在服装上即是穿着张扬个性的服装，用服装的语言传达出一种信息——个性与突出自我，并从中得到很大的安慰和心理满足。

3. 趋同从众心理

人类的趋同性和从众心理是一种社会现象，它再现他人一定的外部特征和行为方式，同时具有一定的合理的情绪倾向性，这也是服装流行中的一种行为模式，是促使服装流行的基本原因。

4. 效仿心理

效仿也是一种社会现象，它通过行为、意识、概念的同一或类似与对方同化。在服装的流行和服饰审美过程中，服装效仿是一种十分有效的手段，因为人们往往对自己应该如何穿着打扮存有疑虑，但却比较善于评判他人的着装，这些在我们的日常生活中都有同感。所以，人们一旦认定某人的穿着有品位、富有美感时，往往会产生效仿心理。无论是有选择的效仿还是有创意的效仿，从本质上来说都是一种效仿行为，当一种效仿在一段时间内流动扩大时，就形成了流行。

（二）自然因素

1. 地缘因素

不同地域的自然环境差异，使服装从最初形成时就拥有各自的特色，并保持着与地域环境相融合的性质。对于服装流行信息的获得和服装流行趋势的响应程度，也因地理位置和人文景观的不同而各有差异。比如，地处平原和大都市的人们，相较于偏远山区或是经济落后地区的人们而言，其通信条件更为发达，交通便捷为他们带来了更活跃的思维和更开放的审美观念，能够及时把握到服装流行信息，并能积极参与到服装流行的时代大潮之中。

2. 气候因素

地域与对应的气候特点必然形成一种符合该气候的服装功能形式。如生活在寒带的因纽特人，其服饰要能适应极地寒冷的气候特点；生活在四季分明地域的人们，则会自然地穿着符合四季变化的各类服装等，所以说气候因素对服装的流行也起着很大的作用，如图4-1所示。

3.社会因素

人类社会变化无常、包罗万象，因此，影响服装流行的社会性因素丰富多样。从历史角度来看，社会的政治变革必然会影响到服装的变革，如民国时期推崇中山装，如图4-2所示；从文化因素来看，不同时代的不同文化对服装流行的影响也各不相同，如在20世纪因当时影视文化而带动的法式服装的流行，如图4-3所示；还有许多其他影响服装流行的社会因素，如经济、科技、艺术、宗教信仰因素等。

图4-1 因纽特人的装束

图4-2 中山装

图4-3 风靡一时的法式女装

三、获得流行信息的渠道

流行趋势虽变幻莫测，但有其内在规律可循。服装是季节性、时尚性突出的产品，通常带有鲜明的流行特色。服装品牌所设计的服装产品要想在流行中占有一席之地，品牌的设计开发人员就必须关注流行趋势信息，从这些流行信息中发现消费者心理、消费行为的变化。

通常流行趋势信息的来源被分为三级：一级信息来源是国际权威的纱线、面料领域流行的信息，可以通过面料展以及权威机构的流行预测获得信息；二级信息来源是国内外服装市场的信息，通过服装发布会、服装展览会可以获得相关信息；三级信息来源是服装品牌内部的设计或销售部门，一般是通过对一级和二级信息的分析，结合本品牌的产品定位或竞争品牌的畅销款的销售情况来预测流行趋势，很多国外知名服装品牌都有专门的流行趋势预测部门发布最新的趋势信息，成为流行趋势的主导力量，是其他普通品牌获取流行信息的渠道之一。

图4-4　ELLE杂志经典封面合辑

图4-5　蝶讯网官网页面

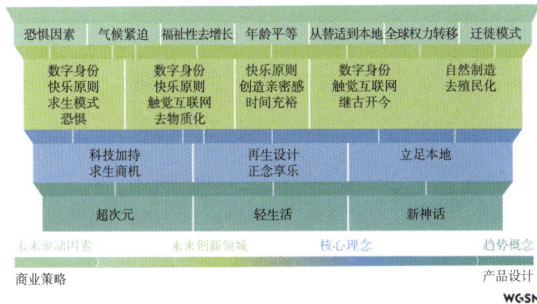

图4-6　2022未来创新领域的流行预测（图片源于WGSN官网）

（一）时尚杂志

世界著名专业时装杂志《国际纺织品》（International Textiles）、《快速时尚》（High Fashion）、《巴黎时装公报》（L'OFFICIEL）、ELLE（图4-4）等，并且订购的电子版有各国版本，不同版本所呈现的内容会有所不同。国内的时尚专业杂志如《国际纺织品流行趋势》《服装设计师》《流行色》等。

（二）服装流行预测机构

国内外的流行预测机构每年都会提前发布未来18个月的春夏和秋冬两季的主题预测，流行预测涉及的主要内容有色彩、面料、风格、款式等方面。国际流行色的预测是由国际流行色协会从各成员国提案中筛选，最终确定出三组色彩流行趋势主题，分别对应男装、女装和休闲装；国际羊毛局和美国棉花公司每年也会发布新一年的色彩和面料流行趋势；此外，中国流行色协会也会结合国内外流行元素发布适用于国内服装品牌的流行色预测信息。

各大权威机构的流行预测借助现代媒体的高效率宣传，有效地冲击着消费者的视觉感受和心理感受，使消费者在潜移默化中受到引导。例如，在国内，各类流行预测机构通常会在举办中国国际纺织面料及辅料博览会或展销会时，发布基于自身评估体系的专业流行预测趋势报告，同时向服装企业和相关业内人士宣传流行预测信息，常见的有POP-FASHION网站、蝶讯网、WSGN网等，如图4-5、图4-6所示。这些业内权威机构的流行预测成功率最高可达到70%左右，也正因如此，许多服装品牌会通过权威机构发布的流行预测信息对下一季的产品设计进一步做出合理、适时的判断。

（三）服装展览会

通过参加面料展、艺术展、服装展等这类展览，可以帮助服装企业经营者开阔视野、拓宽订货或销售渠道，还能了解最新的各类流行信息，这些信息资源都可以成为设计师进行趋势设计的灵感来源。

具有影响力的专业展会所发布的流行趋势信息是获得国际流行资讯的主要渠道。每年的春夏和秋冬两个季度国内外都会举办大型的专业展览会，如巴黎第一视觉面料博览会、米兰联合面料展、大邱国际纤维展、中国国际纺织面料及辅料博览会、服装服饰展、中国国际服装服饰博览会等，如图4-7所示。CHIC是中国国际服装服饰博览会英文名称的缩写，每一届CHIC都会根据市场变化来延伸展会功能，汇聚海内外优秀服装品牌、服装生产企业、终端渠道等全产业链及商业零售端人群，不断创新利用渠道资源，高效匹配展商和观众的多样需求，将商贸达成、新品发布、趋势前瞻、行业分析、立体推广整合，并以直接的商家资源、专业高效的会展策划组织以及权威的业内媒体来打造时尚、商贸、交流的服装服饰盛会。另外，每年的上海服装服饰展集合了众多国内外品牌参展，涵盖了服装、首饰、眼镜、鞋子、家居品等各种类别，知名的中国设计师品牌、海外的设计师品牌与大量新生代设计品牌以规划展厅的展览方式推广最新的服装产品。

图4-7　中国国际服装服饰博览会（CHIC）官方网页

在众多展会上可以了解到最新的面料趋势，以及最新的工艺和新材料，还可以寻找制作成衣的面、辅料。通过参展商提供的样衣，设计师深入了解面料和纱线的特性，直观地接触面料和纱线，充分运用触摸、观察、与厂商交流等方法，了解面料的垂感、质感、手感、透明度，以及其纤维原料组成状况，观察面料的色彩、花纹等构成情况。这些信息促使设计师寻找新的灵感用于产品的设计中，尤其是新型面料是成衣设计师的重要灵感来源，一种新型面料会促使设计师为之开发新的系列。总之，这些专业展览会以其权威的流行发布诠释流行的概念和认知，在很大程度上影响着国际或某一地区的流行趋势，同时展览会也是服装业内重要的交流平台，向公众展示最新服装产品的订货平台。

（四）时装发布会

时装发布会也称服装秀或时装秀，以真人模特的动态服装展示为主。时装发布会在每年春夏（S/S九月）和秋冬（A/W二月）两季召开，是服装设计师及时尚行业从事者获取最新流行趋势的主要途径。

世界著名的四大时装周分别为"巴黎时装周""米兰时装周""纽约时装周""伦敦时装周"，都对未来一段时间内的服装或面料流行有直接推动作用。四大时装周声名远扬但风格各异：法国时装机构致力于打造世界时装之都，巴黎时装周凭借其精湛的高级定制而著称，也是全球最具有实力的优秀时装设计师施展才华、发布信息的时装周，其内容包括发布高级时装、男装成衣和女装成衣，其中巴黎女装成衣发布周的规模和影响最大，聚集了100位世界顶级设计师和数十个服装品牌同时发布最新的时装概念；伦敦时装周则充满英伦的贵族气息，以发布新概念的先锋派年轻另类流行时装而闻名于世；相较而言，米兰时装周更具本土性，作为奢侈品之都的意大利集中了欧洲优秀的设计品牌，发挥着意大利纺织产业的传统优势，被认为是世界时装设计和消费的"晴雨表"；纽约时装周以商务休闲服装为主，其商业氛围也最浓。通过几大时装周的发布会可以了解各大服装品牌的设计灵感，服装造型、款式、面料、色彩以及配饰等流行风格。

首先，时装发布会中主题鲜明的时装秀场的布置可以最为直观地展现出服装品牌的理念和影响力，烘托新品设计的主题，给人们留下深刻的印象。通常强调创意概念性的服装品牌会借助独具一格的时装发布会形式展现服装产品。如法国香奈儿每季秀场的布置秉承着经典又多变的风格，国内"无用"品牌在设计中融入东方哲学的理念，服饰设计追求返璞归真的理念，一反常态地由真人模特静态展示服装。

其次，仔细观察和分析各大时装发布会的设计主题，积累感兴趣的设计元素，对设计者自身的设计素养大有裨益。很多服装品牌就是借鉴这些成熟的服装品牌进行设计，在设计中根据需要重新组合这些流行元素，设计出符合本品牌的服装产品。最具典型代表性的如快时尚品牌ZARA，其产品设计始终保持时尚性的原因在于其设计策略，品牌直接从各大时装周的发布会上获取灵感后再进行设计，它所推出的服装产品不是复制其他大牌的设计，而是巧妙地汲取知名品牌的设计元素并进行大量再创造，加之其产品的价格定位更适合普通消费者的要求，这些因素使ZARA成为受消费者追捧的平民品牌。因此，掌握最新时装发布会的动态信息至关重要，是把握流行趋势的一个重要途径。

（五）服装讲座

服装讲座是指由名人、教授等人员不定期地向设计师讲授与服装有关的知识或新的发展，以扩大他们知识的一种

图4-8 李正教授针对服装艺术举行讲座

教学活动形式。除了日常校内学习外，很多学校也会请一些业界有名的设计师或者学术界的大咖给学生讲学，帮助学生拓宽时尚视野，提前了解更多的品牌知识，如图4-8所示。

第二节 服装产品的设计

服装品牌产品设计是指运用一定的思维形式、美学法则和设计程序将设计构想以各种手段表现出来，然后选择合适的材料并通过相应的制作工艺手段，使设计构想进一步实物化的全过程。服装品牌产品设计的创造过程离不开服装设计的三大要素，而服装设计的表现手法是将服装设计思维理念体系转化到实物的重要表现方式，也是产品设计实现的重要途径。

考虑到服装是以人穿着后的状态呈现，因此它不仅是单纯的平面视觉效果展示，更多地要考虑立体穿着后的整体状态。所以，在艺术设计中，服装设计的三要素是指服装设计主要涉及的内容，它包括色彩、面料和款式。要达到理想的设计效果，必然是这三要素的完美融合。本节将着重从服装产品设计思维的角度出发，探讨服装设计中创意的无限可能性。

一、服装设计的概念

服装设计是运用一定的思维形式、美学法则和设计程序，将设计构想以各种手段表现出来，然后选择合适的材料并通过相应的制作工艺手段，使设计构想进一步实物化的全过程。与其他造型艺术的设计相比，服装设计的特殊性在于它是以各种不同的人作为

造型的对象。人的外在形体特征和内在心理因素制约着服装的造型，不同的服装款式是由不同的造型来实现的，不同的造型是由不同的工艺制作方法来实施的。所以，服装设计的各个环节之间是一种相互衔接、相互制约的关系。

正因为服装是人着装后所形成的一种状态，所以，服装设计不仅要进行衣物造型及色彩的搭配，还要进行整个着装状态的设计。服装状态的设计包括服装与服饰配件之间的整体协调美，服装与材料之间的和谐性。同时，服装是处在一定空间和环境中的立体造型，任何一类服装都会有相应的空间环境，所以，在服装设计时，要充分考虑到服装与环境在色彩、造型和感觉上相依相融的整体关系，这样才有可能创造出和谐的视觉美感。

二、服装三要素法则

（一）服装的色彩

相对于面料和款式来说，色彩的表现力最强，给人的视觉冲击力最大，所以有"远看颜色，近看花"之说。在服饰总体搭配方面，其地位举足轻重。对服饰色彩的选配，关键在于对色彩和谐规律的把握和运用，有科学家研究指出，人对色的敏感度远远超过对形的敏感度，因此，色彩在服装设计中的地位是至关重要的。在研究服装设计中的色彩应用问题时，我们首先要了解一些色彩的基础知识。

1. 色彩的基础知识

色彩世界五彩缤纷，通过颜色来表达却离不开红、黄、青三种基本色的调配，这三种颜色不能由别的颜色调和而成，因此被称为"原色"。两种原色进行调和后产生的一类色称为"间色"，如红加黄调和成橙色，黄和青调和成绿色。两种间色或原色与间色调和又形成复合色，如图4-9所示。

千变万化的颜色可分为彩色系和无彩色系两大类。黑色、白色及黑白色调和而成的各级灰色属于无彩色系，白色是亮度的最高级，黑色是亮度的最低级。无彩色系之外的所有颜色都属于彩色系，彩色系的色彩由色相、明度、纯度三大要素构成。

色相：指的是颜色在光谱中

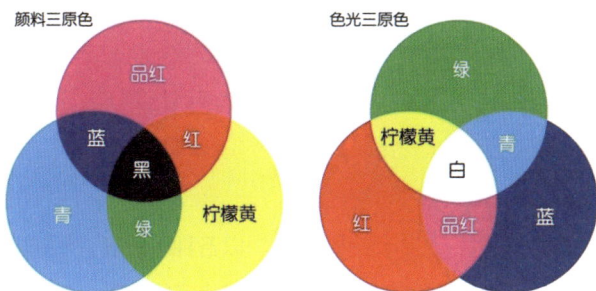

图4-9 复合色

所占的位置，色相是颜色最重要的特征，如大红、湖蓝、中黄等。按色相的顺序，可以循环排列成色相环。变幻无穷的色彩世界，色相的千差万别是首要的因素，如图4-10所示。

明度：是色彩明暗变化的属性，由各种有色物体反射光量的程度区别所造成，如图4-11所示。

纯度：又称彩度、饱和度，是一种颜色包含色彩的纯净程度，如图4-12所示。从光谱上分析得出的红、橙、黄、绿、青、紫是标准的纯色，纯度越高色彩越艳丽明媚。

2. 色彩与服装设计

人们对色彩的反应是强烈的，但并非对色彩的感受都所见略同。因此在服装设计中，对于色彩的选择与搭配要充分考虑到不同对象的年龄、性格、修养、兴趣与气质等相关因素，还要考虑到在不同的社会、政治、经济、文化、艺术、风俗和传统生活习惯的影响下，人们对色彩的不同情感反应。例如，从唐代开始，统治者崇尚黄色，认为黄色是天地的象征，使黄色赋予威严华贵、神圣的联想；而黄色在信仰基督教的国家里却被认为是叛徒犹大服装的颜色，是卑劣可耻的象征。因此，服装的色彩设计应该是有针对性的定位设计。

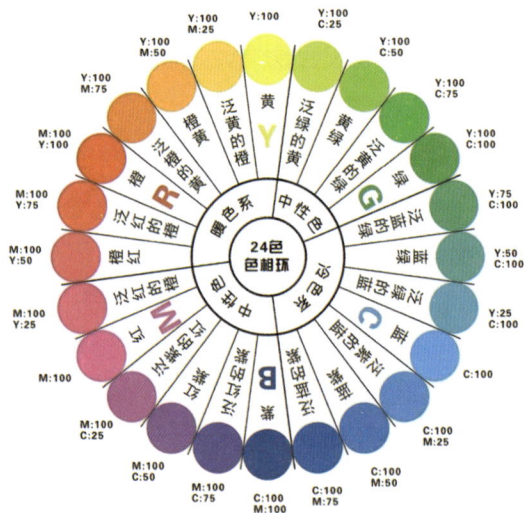

图4-10　色相环

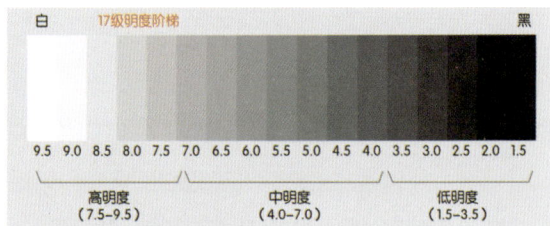

图4-11　色彩明度示意图

图4-12　色彩纯度由高到低示意图

在设计中，色彩的搭配组合形式直接关系到服装整体风格的塑造。设计师可以采用一组纯度较高的对比色组合来表达热情奔放的热带风情，也可通过一组彩度较低的同类色组合体现服装典雅质朴的格调，在服装设计中最常用的配色方法有：同类色配合、近似色配合、对比色配合、相对色配合四种。

同类色的服装配色：同类色配合是通过同一种色相在明暗深浅上的不同变化来进行配色；近似色的服装配色：近似色配合是指在色相环上90°范围内色彩的配合，给人温和协调之感。与同类色配合相比较，色感更富于变化，所以它在服装上的应用范围比同类色配合更广；对比色的服装配色：对比色的配合是指色相环上20°～180°范围内的色彩配合，所体现的服装风格鲜艳、明快，多用于运动服、儿童服、演出服的设计中；相对色的服装配色：相对色配合是指色相环上180°两端两个相对色彩的配合。

（二）服装的款式

服装款式是由服装成品的外形轮廓、内部衣缝结构及相关附件的形状与安置部位等多种因素综合决定的。正确理解设计意图一般从款式名称、款式结构、外形轮廓、线的造型和用途、服装各部件的组合关系及其具体尺寸和比例五个方面进行考虑。

1. 款式名称

要想了解服装款式，首先要先了解所设计服装的基本类属、穿着对象的性别、年龄，以及不同季节、不同区域、不同用途、不同穿着方式等重要内容。从穿着对象的性别、年龄来看，凡由男、女性别和老、幼差别所形成的男、女服装、中老年服装、儿童服装等品种，无论在款式造型还是在面料色彩纹样上都有明显的差别。

从穿着季节与区域来看，一年四季由于气候的变化，人们的衣着分为：春夏装和秋冬装。以冬季为例，在北方为了抵御寒冷，大衣的面料宜厚实，并且穿着时要套在棉衣外，因此放松量要大；而南方气温较高，这时大衣的面料不宜太厚，穿着时一般套在西装外，用于抵挡风沙，因此放松量相对较小。羽绒服也是同样情况，北方羽绒服比较厚实保暖，而南方的羽绒服比较轻薄。

2. 款式结构

款式结构也叫作服装样式，用以表现服装外形结构中所反映的服装部件或零部件组合形式等内容。如前、后片是细腰还是宽腰、是收省还是分割；衣领属立领还是关门领，是翻领还是无领；衣袖属圆装袖还是插肩袖，是连袖还是前圆后插肩袖，袖与大身组合采用平缝结构还是倒缝结构，是分开缝还是包缝；在门襟部位有单排扣、双排扣、双襟、偏襟、半襟、通开襟、正开襟、偏开襟、插肩开襟、明门襟、暗门襟，有缉止口与无缉止口结构；袋形有贴袋、开贴袋、插袋、挖袋等，以及后片做缝与不做缝，开后衩与无衩等。凡在服装外形中能直接观察到的部件特征，均属于款式特点。

3. 外形轮廓

外形轮廓又称造型。不同的外形轮廓有着不同的造型特征。常见的有H型、X型、A型、V型、O型等。

H型服装通常呈"直筒状"，不考虑腰部的收紧设计，在造型上形似大写的H。由于H型服装整体的上下造型差异较小，通常用干脆利落的直线形式表达，上下的宽窄一致能够掩盖不完美的身形，所以也被称为箱型。H型是一种平直廓型，在20世纪50年代较为流行，如图4-13所示。

X型服装：上衣和大衣以宽肩、阔摆、收腰为基本特征；裙子和裤子也以上下肥大、中间瘦紧为特征，具有窈窕、优美，体现女性柔美体型的特点，如图4-14所示。

A型服装：具有稳重安定感，充满青春活力上紧下松的特点。A型服装上窄下宽，从贴合身体的肩部开始逐渐向下发散，腰部与臀部的放松量逐渐增加，形成"A"字状，如图4-15所示。

T型又叫Y型，整体廓型类似倒三角形，肩部线条夸张、下摆内收，从而形成上宽下窄的造型效果。T字廓型将视觉重心集中在上半身，具有较为男性化的硬朗强势风范，便于营造强大气场，如图4-16所示。

O型服装：具有夸张肩部、收缩下摆、显示夸张柔和的特点。O型服装廓型的结构以圆长弧线为主呈现椭圆形，没有明显的棱角外轮廓线，其造型腰部极少做省道处理，腰部自然不收腰，肩部多为落肩袖或插肩袖，整体外形相对较柔和与饱满，如图4-17所示。

（三）服装面料

服装面料在服装产品中通常起到载体作用，它不仅能更好地凸显出服装的款式和色彩，同时，设计师也会通过选择特定的面料来表达设计理念，因此，服装面料在很大程度上决定着服装的个性风格。根据国际流行趋势的规律，流行花色发布在先，流行纱线和面料发布在后，最后是流

图4-13　H型服装秀场图

图4-14　X型服装秀场图

图4-15　A型服装秀场图

图4-16　T型服装秀场图

图4-17 O型服装秀场图

行款式发布。所以在服装公司、企业从事成衣设计的人员，大多采用根据时尚面料进行服装设计的方法，此方法较切合实际、有的放矢，也容易把握流行。另一种方法是先进行服装设计，再对面料进行实际选择，此方法较多地为创意派、先锋派设计师以及服装专业的师生们所用，比较适合个性化、创意性强的设计，在实际操作中有一定的困难，很多情况下都涉及对面料创新开发的问题。

面料是服装制作的材料，可分为纤维制品、皮革裘皮制品和其他制品三大类别。服装设计要取得良好的效果，必须充分发挥面料的性能和特色，使面料特点与服装造型、风格完美结合，相得益彰。因此了解不同面料的外观和性能的基本知识，如肌理织纹、图案、塑形性、悬垂性以及保暖性等，是做好服装设计的基本前提。

随着科技的进步和加工工艺的发展，现在可以用于制作服装的材料日新月异，不同的材料在造型风格上各具特征。在此我们将不同材质面料的造型特点以及在服装设计中的运用加以简单介绍：

1. 柔软型面料

柔软型面料一般较为轻薄、悬垂感好，造型线条光滑，服装轮廓自然舒展。柔软型面料主要包括织物结构疏散的针织面料、丝绸面料以及软薄的麻纱面料等。柔软的针织面料在服装设计中常采用直线型简练造型，以体现人体的优美曲线；丝绸、麻纱等面料则多见松散型和有褶裥效果的造型，表现面料线条的流动感。

2. 挺爽型面料

挺爽型面料线条清晰有体量感，能形成丰满的服装轮廓。常见的有棉布、涤棉布、灯芯绒、亚麻布和各种中厚型的毛料和化纤织物等，该类面料可用于突出服装造型精确性的设计中，如西服、套装的设计。

3. 光泽型面料

光泽型面料表面光滑并能反射出亮光，有熠熠生辉之感。这类面料包括缎纹结构的织物，最常用于晚礼服或舞台表演服中，产生一种华丽耀眼的强烈视觉效果。光泽型面料在礼服的表演中造型自由度很广，可用简洁的设计或较为夸张的造型方式。

4. 厚重型面料

厚重型面料厚实挺括，能产生稳定的造型效果，包括各类厚型呢绒和绗缝织物。其面料具有形体扩张感，不宜过多采用褶裥和堆积，设计中以A型和H型造型最为恰当。

三、服装产品设计的形式美

要真正掌握服装设计的方法，不仅要了解人体与服装的关系，学习人体知识、美术、服装心理学、市场学等，还要努力学好设计学中的美学规律或是美的形式法则，要善于利用美学规律来创造各类美的服装。

常见运用在服装设计上的形式美法则如强调、分割和仿生造型等，此外还有变化与统一、旋律、比例、对称与均衡、试错等其他重要的形式美法则。基于这些不同的形式美法则，设计师还需寻找对应特色的服装面料和服装模特，使服装作品能够得到最佳呈现。

（一）仿生造型

仿生造型是指在进行造型设计时，设计师以大自然中的各种生物或无机物的形态为灵感，多数是以它们的生长结构和外部造型为模仿对象进行的设计，如图4-18所示。

但无论如何参考自然形态，服装的设计和造型最终还是按照人体，根据人的体型来进行的。仿生造型的服装不仅要在外观造型上考虑人的体型需求，还要特别注意服装外部造型的多样性和艺术性，要从美学角度综合考虑服装造型的设计。这就要求我们在进行服装设计时，多动脑筋，开阔思路，从大自然和生物界获得启发，用仿生学来丰富设计。服装仿生学主要是模仿生物的外部形状，以大自然、有机物为灵感，从而设计出服装的新颖款式。服装设计时可模仿生物的某一部分，也可以模仿生物的全部外形。如我们在生活中常见的燕子领、青领、蝙蝠袖、喇叭裤等。

（二）强调

强调是指设计师有意识地使用某种设计手法来加强某部位的视觉效果或风格（整体或局部的）效果。在此类形式中，大众往往能通过对服装作品的第一印象来感受到设计师创作时的状态，如雍容华贵或是简单质朴等。

强调的设计手法要求服装从轮廓造型到局部结构，都应有助于展示人体的最美部位，尤其是在设计时需重点强调颈、肩、胸、腰、臀、腿等部位，用设计的手法来加以装饰美化。同时还要搭配服饰配件设计，包括帽子、鞋子、腰饰品等来表现穿着者的优美体态和个性特点。服装设计的强调手法还可能包含强烈的风格强调、功能强调以及对人体形态的补正等，如图4-19所示。

图4-18　仿生造型服装（图片源于Pinterest）

（三）分割

服装设计中的分割是指结构设计分割与装饰性设计分割，这一手法也通常被称为"解构"。分割是根据视错原理而来的，当不同性质的线（竖线、横线、斜线、曲线）分割面时，将会产生不同的视觉效果。服装设计时可以利用不同的结构线和装饰线来丰富设计的艺术效果，使服装的美感得到充分发挥。具体来说分割又分为设计结构的分割和装饰设计的分割。

1. 结构设计分割

主要包括服装的结构线和结构块面的组织分割视觉效果（图4-19）。如破断、破缝、剪开等。

图4-19　维果·洛夫（Viktor & Rolf）秀场图

图4-20　维果·洛夫2017秀场图

（1）垂直分割：竖线的结构造型效果。

（2）水平分割：水平横线的结构开缝组合效果。

（3）斜线分割：结构设计中的斜线造型效果。

2. 装饰设计分割

主要包括色彩设计分割、装饰线的分割、不同材料的组织分割等，如图4-20所示。

（1）色彩设计分割：设计中，利用色彩的搭配来创造出一种分割的视觉效果。

（2）装饰线的分割：利用服装上的工艺手法，如运用缉明线、手绘线形等手段来创造一种分割的效果。

（3）不同材料的组织分割：利用不同材料的天然区别（包括色彩、材料的质地等）来进行组合设计，有意识地设计出分割的效果。

第三节 服装设计图绘制

从事服装设计工作必须熟练地掌握服装画的画法，服装画是表现服装设计理念的必需手段。今天，服装画越来越为人们所重视，它的功能不断扩大，形式也不断增多，最初主要是作为服装的设计效果图，后来又在服装广告、宣传和插图等方面大显身手，从一种制作图发展为一种艺术形式。服装画应该比服装本身、比着装模特更具典型，更能反映服装的风格、魅力与特征，因此更加充满生命力。

好的服装画能把服装美的精髓、美的灵魂表现出来。当今国外服装画艺术大师的作品风格多样、形式新颖、艺术水平高，已具有独特的欣赏价值。服装设计师画图时，表现的方法并不固定，有的画得很精致，像真人一样，有的画得很简洁，这就必须要配合其使用目的与使用场合来决定如何作画，虽然画法可以自由，但仍要以传达衣服款式为目的，因而依然会受到某种程度的约束。

服装设计图的内容包括服装设计效果图、款式平面结构图以及相关的文字说明三个部分。

一、服装设计效果图表现方式

服装设计效果图，是对设计思想的表达，目的在于设计师将设计构思化为可视形态，把脑海里所想的用直接明了的方式表现出来，让人一目了然，使人们能够了解其意图并提出修改意见。服装设计表现贯穿服装设计的全过程，设计的不同阶段需要不同形式的表现图，由此可见，服装设计与服装设计表现不可分割。设计师在具备良好的专业知识的同时，还要有一定的设计表现能力。效果图表现得好坏，直接影响着设计师设计意图的表达。因此，这种服装设计效果形式是服装设计师必须具备的设计表达能力，而绘画这种效果图的技巧，是服装设计师应该而且必须具备的基本功。服装效果图的绘制有多种表现形式和表现技巧，既有注重艺术性的，也有注重工艺性的，有写实的，也有夸张的，在实践的过程当中，要根据不同的设计意图灵活运用。

（一）专业用具

1. 钢笔

钢笔是极为常用的工具之一。可以选用弯头钢笔或多种型号的宽头钢笔，但要注意，宽头钢笔的特点是画出较粗的线迹，当表现连续、均匀、弯曲的线时，宽头钢笔便不能胜任。钢笔的墨水，可选用较好质量的黑色绘图墨水，并经常保持钢笔的清洁，以保证

图4-21　钢笔手绘效果图（作者：毛婉平）

图4-22　铅笔手绘效果图（作者：李慧慧）

墨水流畅，如图4-21所示。

2. 铅笔

铅笔的种类较多，可选用B型的黑色绘图铅笔和水性彩色铅笔。水性彩色铅笔，可以在绘制后，利用清水渲染而达到类似水彩的效果，亦可作一般性彩色铅笔使用，如图4-22所示。

3. 炭笔

运用铅笔勾勒时，常会感到颜色深度不够，特别是勾勒有深色的外形时愈显如此，若采用绘图炭笔、钢笔或马克笔等工具，便可解决这个问题。由于炭笔的黏附力不强，在绘制后，可配合使用绘画用定型液，以解决炭笔着色后的附色牢固性问题，如图4-23所示。

4. 马克笔

用马克笔作画，是时装画绘制技巧中较为快捷的一个方法。因为马克笔既可以表现线和面，又不需要调制颜色，且颜色易于干燥。各种不同质地的纸吸收马克笔颜色的速度各异，产生的效果亦不相同，吸收速度快的纸张，绘出的色块易带有条纹状。用沾上香蕉水的棉球或布，可以除去油性马克笔色彩，或淡化色彩，利用这一特性，可以绘制出推晕的色彩效果。利用硫酸纸的透明性质，可以绘制出同一色彩的深浅层次和色与色的重叠效果，如图4-24所示。

5. 水彩笔

水彩画之所以受到服装设计师的青睐，是因为它与众不同的特性。它有着不可替代的透明性，而且有表现快速、颜色易干、色彩层次丰富、表现范围广的特点，还可与水彩、钢笔、铅笔、马克笔等结合使用，使效果图更具丰富多彩的表现魅力，如图4-25所示。

6. 喷笔工具

喷笔工具包括喷笔与气泵两部分。气泵用于保证产生足够的压力，喷笔可以调节所喷出颜色面积的大小，以形成线迹或面。用专用遮蔽物或纸张等遮挡，可喷出挺括的轮廓。水粉色、水彩色都可使用，但需要加入适量的水，不宜过多或过少，以喷出均匀的色彩且不稀薄为宜，如图4-26所示。

图4-23 炭笔手绘效果图（图片源于苏州大学学生）

图4-24 马克笔手绘效果图（作者：辛喆）

图4-25 水彩笔手绘效果图（作者：辛喆）

图4-26 喷笔手绘效果图（图片源于苏州大学学生）

7. 软件绘图

Photoshop（图片裁剪/效果图上色/灵感版拼贴）、Illustrator（款式图的绘制及上色/排版）、Indesign（专业图册排版）、CAD（平面裁剪制板）、Coreldraw、CLO3D等，如图4-27~图4-30所示。

图4-27　CLO3D服装效果图1
（作者：徐可）

图4-28　CLO3D服装效果图2
（作者：徐可）

图4-29　CLO3D服装效果图3
（作者：卞泽天）

（二）效果图技法与效果展示

服装效果图强调设计的新意，注重服装的着装具体形态以及细节描写，便于在制作中准确把握，以保证成衣在艺术和工艺上都能完美地体现设计意图。

手绘效果图，如图4-31所示。

图4-30　CLO3D服装效果图4
（作者：卞泽天）

图4-31　手绘效果图（作者：辛喆）

电脑效果图，如图4-32、图4-33所示。

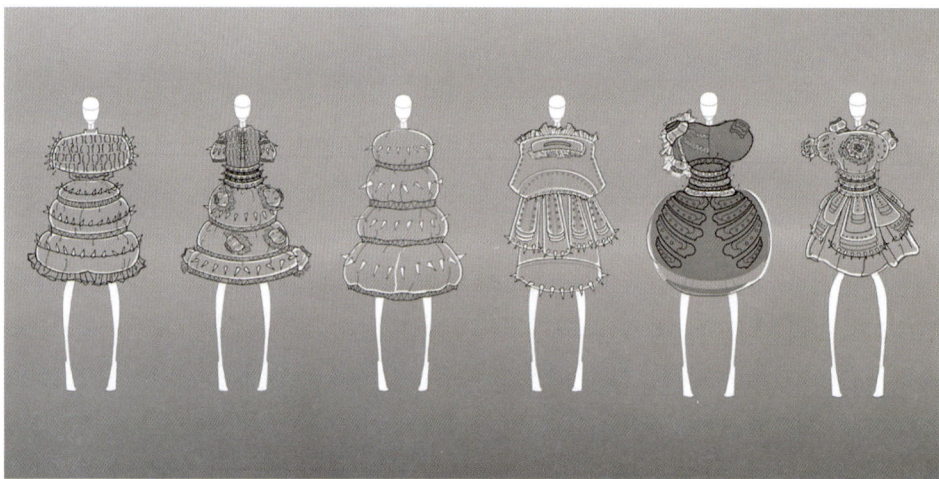

图4-32 电脑效果图1（作者：卞泽天）

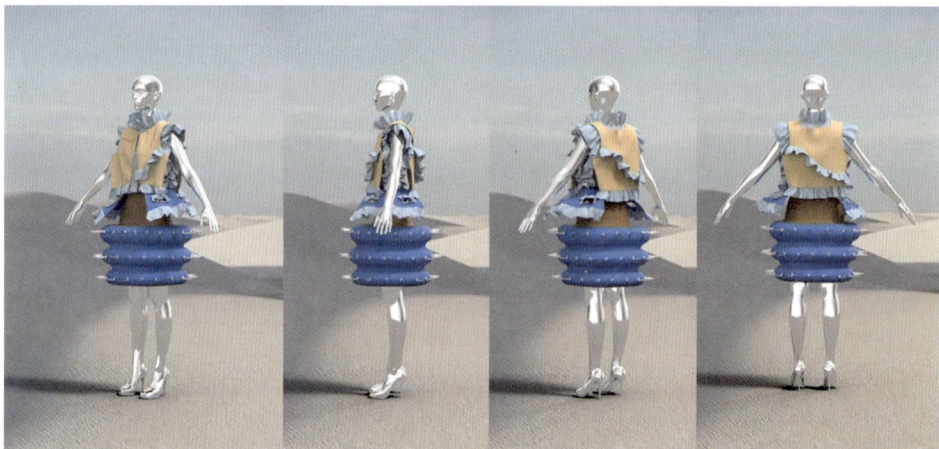

图4-33 电脑效果图2（作者：卞泽天）

二、服装款式平面结构图

款式平面结构图用来明确地提示整体及各个关键部位的结构线、装饰线裁剪与工艺制作要点。包括各部位详细比例，服装内部结构设计或者特别的装饰，一些服饰品的设计也可通过平面图加以刻画。款式平面结构图应准确公正，各部位比例形态要符合服装的尺寸规格，一般以单色线勾勒，线条流畅整洁，以利于服装结构的表达，如图4-34、图4-35所示。

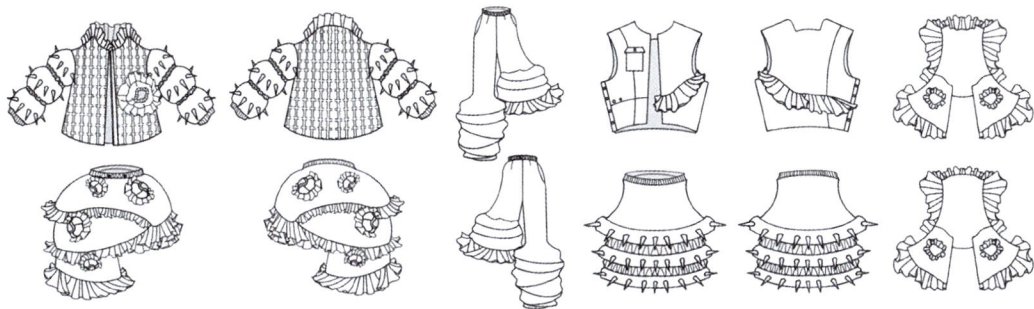

图4-34　平面款式图1（作者：卞泽天）

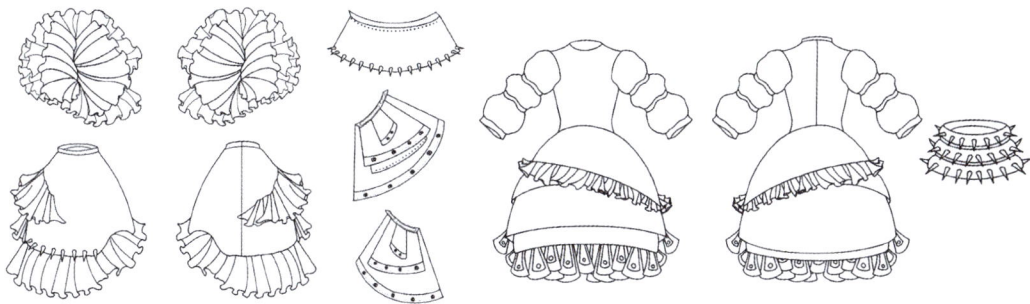

图4-35　平面款式图2（作者：卞泽天）

三、文字说明

文字说明需包含设计意图、主题、工艺制作要点、面辅料、配件的选用要求以及装饰方面的具体问题等内容，要使文字与图画相结合，全面而准确地表达出设计构思的内容。

第四节　工艺制板与成衣

服装工艺是根据不同品种、款式和要求制订出的特定加工手段和生产工序。随着新材料、新技术的不断涌现，缝制方法和顺序也随之复杂多变，而它的科学性将直接关系到缝制效率和质量，也是服装工艺学中需要研究的重要课题。尽管它的生产形态是不固定的，但它的生产过程及工序基本是一致的。

所谓成衣的工艺管理，通常是指在客户提供订单或新产品投产的情况下，对产品进行试制，并在正式生产前进行工艺方面的编制以及材料、设备和人员的设计，使产品在高效的工艺方案指导下进行生产加工，更好地保证产品质量，提高生产效率，降低生产成本。

一、成衣生产工序的组成

成衣生产工序大致由以下几个生产环节组成：

（一）生产计划

制定样品技术文件→产品设计→组织材料→材料检验→试样制作→预缩整理→样衣确定→订货。

（二）生产准备

制定生产技术文件→样板设计→样板修改→确定技术要求→质量标准→成品规格→传样试制。

（三）裁剪工艺

服装排料→验布→材料预缩→铺料→裁剪→检验裁片→做标记捆扎→送缝制车间。

（四）缝制工艺

黏合衬→零部件缝制→中间工序熨烫（小烫）→组合缝制→检验→修剪→成品熨烫（大烫）→成品检验。

（五）包装工艺

装订吊牌→折叠整齐→包装入袋→储运。

二、成衣生产规范流程

（一）编制切实可行的生产技术管理文件

专业技术文件是成衣企业不可缺少的技术性核心资料，它直接影响着企业的整体运作效率和产品的优劣，科学地制订技术文件是企业的重要内容之一。

成衣企业生产工艺方面的主要技术文件包括：生产总体计划、制造通知单、生产通知单、封样单、工艺单、样品板单、工序流程设置、工价单、工艺卡等。

（二）主辅料的性能测试

1. 收缩实验

一般面料在下水之后都会有收缩，因此要保证服装规格最终符合成衣的相关技术标准，这就需要在制作服装成品之前，对所需要用的有关主、辅料进行缩水试验，包括浸水收缩试验、喷水熨烫收缩试验、水洗和砂洗收缩试验等。水洗的方式是要根据成衣的具体效果要求来进行的，如一般牛仔装是在成品后才进行水洗，有的采用漂洗，有的采用普洗，有的采用石磨水洗，还有的采用雪花石磨水洗等，因此水洗的工艺也各不相同。不管采用哪种方式和工艺，都需要进行实际的测试和记录，给成衣的样板制作和主、辅料的计算提供正确的数据。

2. 色牢度测试

色牢度，指纺织品的颜色对在加工和使用过程中各种作业的抵抗力。色牢度测试俗称褪色或不褪色实验，是纺织品内在质量测试中的一项常规检测项目。色牢度测试时，需按GB250《染色牢度褪色样卡》标准进行评定，最常用的还是耐洗、耐光、耐摩擦及耐汗渍、耐熨烫、耐气候等项。但在实际操作中，主要是根据产品的最终用途及产品标准来确定检测项目，如毛纺织产品标准中规定必须检测耐日晒色牢度，针织内衣必须检测耐汗渍色牢度，而户外衣物必须检测耐气候色牢度等。

3. 耐热度测试

耐热度，指面料所能承受的最高熨烫温度。测试方法是让试样在承受最高温度后，观察其质地、性能是否仍能保持下列特性：

（1）不泛黄、不变色；或受热时泛黄、变色，但在冷却后能回复到测试前原料的色泽。

（2）原料的各种物理、化学性能不降低，仍能保持织物原有的断裂、撕破等强度指标。

（3）不发硬、不熔化、不变质、不皱缩、不改变原织物的手感。

（三）成衣质量控制

成衣质量控制指为求得以最经济的方法生产满足顾客需要的成衣而实施的整体作业控制方法。成衣质量的好坏是成衣产品在市场竞争中的基础要素，良好的产品质量是每个成衣企业必须具备的基础条件，它不仅决定了成衣产品的销售成绩，同时也影响企业的信誉和前途。成衣品质的保证，不能仅依靠严格的质量检验来实现，更应该注重成衣生产过程中的质量控制。

1. 成衣质量范畴

（1）成衣设计质量：成衣设计质量，指品位性、消费者的认可度、产品使用方法的合理性、消费者需要的性能满意度等。

（2）成衣制造质量：成衣制造质量，指选择符合设计目标的加工设备和设计手段，使用适当的材料生产出符合标准的产品。

（3）成衣销售质量：成衣销售质量，指销售的服务内容，包括营业员和营销管理人员的素质、营销的方法和策略、企业形象等。

（4）成衣质量水准：为了保证成衣质量，企业需要制定四种质量标准，即质量目标、质量标准、检查标准、质量保证。

2. 成衣质量管理

为确保质量控制的成功，应进行全面的质量管理。它包括以下内容：

（1）调查消费者的需求方向，依此来设计生产方针的调整计划。

（2）设计符合消费者需要的产品，并配以相关的资料和使用说明。

（3）科学、合理地安排所有的设备，工程编排要及时，制订生产操作的规范与必要的技术指导。

（4）注意质量控制点的合理设置与功效平衡作用。

（5）研究产品的销售策略，适合实时的销售。

（6）注重产品的售后信息反馈，了解用户使用产品的状况，检查售后服务的情况。

（7）注重设备的更新换代，认真计算经费和成本。

3. 成衣质量控制程序

（1）成衣质量控制过程：成衣质量控制过程包括三个阶段，即规定（技术、设计、表格）→生产（制造）→检查（质检）。

（2）科学建立检查点：设置检查点必须明确内容，简称4W1H质量管理，即检查点设在工程的哪个部位（where），要检查什么特性（what），什么时候检查（when），谁来检查（who），怎样检查（how）。

（3）成衣产品质量：成衣产品质量，可以理解为产品满足规定需要或潜在需要的特征和特性的总和。产品的质量特性，因产品特点不同，表现的参数指标也多种多样。

三、成衣试穿与验收

在成衣生产过程中，企业必须时刻意识到服装产品最终是面向大众的，并不是单一地服务于某个人或某几个人。因此，企业在进行服装生产时，需要制定能够广泛应用的号型标准，并做好严格的服装品控，以便大众能选择与自己相匹配的服装尺码。在服装产品最终面向市场前，企业还需要对所生产出的成衣进行严格的筛选和校对，反复比较所定的号型标准是否能让消费者穿得得体。同时，在对成衣的检验过程中，对质量存疑的产品企业需要进行排查，分析出质量问题的原因，这不仅有利于企业在后续的生产中能够有效提升产品质量，也能提高品牌的品控能力，以及对在之后的销售中赢得消费者的信赖等都起到了潜移默化的作用。

（一）成衣质量特性指标内容

成衣质量特性指标主要有：性能、寿命、可靠性、安全性、经济性和审美性等。

（1）性能：产品满足使用目的所必要的功效，如冬装的保暖性能等。

（2）寿命：产品在规定的使用条件下，完成规定功能的工作总时间，也就是产品正常发挥功能的持续时间，如黏合衬的耐用性能等。

（3）可靠性：产品在规定的条件下和规定的时间期限内，完成规定功能的能力。可靠性反映着产品性能的持久性、精度的稳定性等，是在使用过程中逐渐表现出来的时间质量特性，如色牢度、扣眼脱线、纽扣脱落和缝线断裂等。

（4）安全性：对伤害或损坏的风险，按可接受的水平加以限制的状态，就是指产品在制造流通与使用过程中保证人身安全与环境免遭危害的程度，如内衣材料的选用等。

（5）经济性：产品周期总费用的大小，如销售价格使用成本和管理成本等。

（6）审美性：指产品的造型图案色调装饰产品包装等符合美学要求。

（二）常见的成衣瑕疵和质量问题

为了保证成衣品质，企业需要制定多重的品质标准，诸如品质目标、品质标准、检查标准和品质保证等，综合地规范生产和进行产品验收。同时，在成衣的存储和运输过程中，也需要制定相应的规章制度来防范和应对可能威胁到服装品质的风险，如仓库的环境、仓库的管理规则等。

（三）行业标准

不同的行业有不同的行业标准，服装亦是如此。服装的行业标准是由主管部门批准发布的在某部门范畴内统一执行的标准。如原纺织工业部发布的标准代号是FZ。服装的专业标准是由专业标准化主管机构或专业标准化组织批准发布在某专业范围内统一执行的标准，代号为ZB。

在企业的服装生产过程中，需要对行业标准进行许多的基础调研，明白行业内的基础规则与红线。在服装的生产过程中，企业也需要严格地遵守行业标准，特别是在制作服装的水洗唛和吊牌时，需要清楚地标明服装的面料成分并根据采用的面料来查询相应的行业洗涤规范，精确且详细地标注出消费者所须知的注意事项。知晓并严格遵守行业标准不仅能有效避免企业碰触行业红线，同时也是对消费者负责的重要表现。

本章小结

1. 服装流行趋势的调研分析是创立服装品牌的先决条件，在这一环节中，可以充分了解服装市场和现有品牌的具体情况，便于自身的品牌定位。

2. 服装品牌企划是每个企业从最初的创立想法到落地的必经之路，在企划过程中有助于企业模型的多维思考。

3. 服装产品设计的好坏将直接影响市场和品牌运作成败，同时它也反映出一个服装企业的综合业务能力，以及供应链的生产能力。

4. 服装效果图绘制着重考察的是企业服装设计人才的业务能力，在对设计效果图的落地转化中，从产品的还原度上也能够看出企业部门间的合作默契度。

5. 服装工艺生产与成衣方面，除反映企业的成本控制能力、执行力等，还可以依据成衣生产判断企业是否具有社会责任感，如是否响应绿色可持续方针、是否会注意污染减排等。

思考题

1. 服装品牌的产品开发有哪些环节，需要注意什么？

2. 在进行服装产品的设计时需要考虑哪些方面？

3. 你认为该如何将服装设计理念与实际市场相结合？

4. 请在学习完本章节后，尝试模拟开发一系列个人原创作品。

第五章
服装品牌的传播策划

课题名称：服装品牌的传播策划

课题内容：服装品牌传播的含义

服装品牌传播的元素表达

服装品牌传播的途径

服装品牌传播中品牌认同感的塑造

课题时间：8课时

教学目的：通过服装品牌的传播策划内容的学习，从传播策划、传播途径，以及传播意义等各个流程进行逐一讲解，使学生更全面了解企业营销策略。

教学方式：1.教师PPT讲解基础理论知识，并根据教材内容及学生的具体情况灵活制定课程内容。

2.加强基础理论教学，重视课后知识点巩固，并安排必要的练习作业。

教学要求：要求学生进一步了解服装品牌传播的含义、途径、意义等，针对不同品牌案例进行分析与总结。

课前（后）准备：1.课前预习本章节，并收集2~3个服装品牌传播策略案例。

2.课后针对所学知识点进行反复思考和巩固。

做好服装品牌传播是服装企业营销策略中不可忽视的重要步骤。服装企业的成功并不是靠单一的品牌理念和设计美学相加就可一蹴而就的，成衣产品从概念到样衣、从生产到出售，最终广为传播成流行，它的成功更多的是品牌传播作用下的结果。好的服装品牌传播策略不仅能够促进企业的发展，同时也能让消费者参与到品牌构建之中。

出彩的传播方式能带动潮流，让消费者更容易接受产品，进而接受随之所附属的品牌，即为品牌情怀买单。对服装企业而言，能够吸引消费者买单的原因无非两种，一是偏向产品，二是偏向文化价值。前者看重的是产品本身，如特殊的工艺，独特的面料和款式；后者则注重的是品牌文化理念，"因为是你，我才买"，而这种情怀就需要靠服装品牌的传播策略来赢得消费者的价值认同。对于品牌来说，得到消费者的价值认同就更容易让消费者产生消费黏性。所以，选择什么样的消费群体，采用什么样的品牌传播渠道，成了服装企业不得不面对的具体问题。

在多元发展的21世纪，服装品牌的传播模式和传播渠道多种多样，并且在不同时期采取不同的宣传方式，所达到的宣传效果各不相同。所以，针对各个时期的不同矛盾，具体问题具体分析是很必要的。要知道产品推广与品牌推广完全是两个不同的概念，其目的各不相同，因此所用的手段与侧重点也会有所不同，它是两种不同的推广过程。通过推广被消费者接受的品牌最终也就具有了价值。

本章节将从服装品牌传播的含义、服装品牌传播中的元素表达、服装品牌的传播途径和服装传播中品牌认同感的塑造这四个方面进行阐述。

第一节 服装品牌传播的含义

服装品牌传播是指通过视觉引导、制造视觉冲击、创造情景，来不断引导消费者对品牌意识的塑造，引起消费者的情感关注，最终引导消费者消费喜好的营销手段。从广义上来看，服装品牌的传播是为了提升品牌知名度、表达品牌理念和品牌美学；从狭义上来看，品牌传播是为了展示服装产品。

对服装企业来说，最难的是选择何种方式进行服装品牌传播。不同的传播工具以其独特的传播方式营造广告创意其影响力也是不同的。在品牌传播计划中，要正确分析并考虑在何时何地、以多大的广告力度选择什么样的媒体以及频率传播广告的核心宣传点。良性的传播投入积累可以在无形中不断增加品牌的声誉，进而建立品牌与目标消费者的联系，最终促进商品销售。总之，服装品牌传播是帮助服装产品顺利进入市场最有效的手段。

一、服装品牌传播的目的

服装品牌传播是为了实现商业目的而进行的视觉传播，它是通过产品形象、语言、文字、活动、各种传统媒体与新媒体等不同手段，有效地传达品牌理念、树立品牌形象的过程。

服装生产的目的是消费，而服装品牌传播的目的是引导消费。当消费成为传播的最终目标时，其商业属性就凸显出来了。无论是在人际传播中的口碑传播，还是大众传播中广告的艺术化处理，都是为了向受众施展品牌的影响力，向受众展示品牌内涵，使受众熟悉品牌产品，关注、理解、喜欢与消费某品牌。

服装品牌传播的另一目的是使服装产品产生附加价值。一般来说，品牌的附加值源于设计师本身以及品牌通过传播给客户造成的认知，但品牌传播中广告的投入对品牌形象的提升、附加值的增加都有不容小觑的力量。据国外一项数据表明，一个出众的服装品牌每年至少要投入一亿美元的广告费，并且为了保持其知名度，更是以每年递增的方式投入广告费用。

无论以何种媒介进行品牌文化的传播，都可以借助名人效应带动品牌知名度的提升，使人们产生模仿心理。具体可包括如体育健将、影视明星、著名作家、时尚超模等。在名人效应的帮助下品牌知名度的提升速度可以说是事半功倍，特别是明星推出的商品更容易得到大众的认可。同时，企业决策者也应当对品牌的形象代言人进行慎重选择，需要从多方面考察名人，特别是其自身品性是否与企业理念相配，是否符合目标市场定位，是否受广泛目标消费者接受等。

二、我国服装行业的品牌传播发展历程

中国的服装产业在20世纪80、90年代属于"卖方市场时代"，到21世纪以后就成为"买方市场时代"。在"卖方市场时代"，产品常常供不应求，企业的重点是提高生产效率，以满足需求。而进入"买方市场时代"之后，产品供过于求，消费者成为市场的主导，品牌之间的竞争更加激烈，消费者的需求成了品牌最大的关注点，企业更加注重品牌塑造和传播。企业的竞争至此也经历了这样三个阶段：产品力竞争 — 促销力竞争 — 形象力竞争，开始真正地重视软性竞争。

从阎玉秀、罗莎、赵冰于1996年5月发表在《浙江丝绸工学院学报》上的《服装广告定位的研究》一文中可以看到，在20世纪90年代的中国，大多数服装品牌采用平面广告和少量电视广告来推广，其他的广告推广形式很少使用。在2003年，朱远征、郑丽萍等学者认为服装生产商和销售代理商似乎都有一种思维定式就是宁可将广告做

在商场、专业杂志上，也不太注重电视、广播或其他报刊。到了2007年，相关学者认为：目前国内广告传播媒体主要可以分为电视、报纸、杂志、路牌、橱窗、霓虹灯、产品发布会和网络等，其中电视、报刊、橱窗、产品发布会为我国早期服装品牌的主要广告形式。

三、我国服装行业的品牌传播现状

现阶段在买方市场和消费者需求多样化的环境下，服装品牌也越来越细分化，出现了越来越多针对不同顾客需求的品牌，每一类品牌由于其定位不同，传播方式也有差异。在互联网科技日新月异的今天，传统的品牌传播方式如报纸杂志、电视虽然还存在，但已经在走向衰落。

在进入21世纪10年代之后，智能手机开始广泛应用，普及率非常高，传统企业开启了利用新平台进行品牌拓展的新阶段。服装品牌开始开设移动网络店铺，创建品牌微信公众号、申请注册官方微博等，积极通过各种新媒体渠道更好地将品牌推广到市场中，以期得到更多目标消费者的关注，同时降低品牌传播费用，进而提高品牌的知名度和市场竞争力。

与此同时，品牌也更加注重线下活动的开展。品牌传播的各类线上和线下手段之间存在明显的差异性及相对的独立性，但它们之间又相互贯穿，既自成一体又相互交融，这也促使了推广手段呈现出丰富的多样性。一切品牌所发出的信息都会被消费者视为品牌特意传播的结果。在品牌传播的过程中，不是特定意义上的广告、发布会、订货会、公关活动等才是品牌向消费者传达信息的手段，服装品牌的每一个微小活动都可以向消费者传达品牌的信息。

现阶段服装品牌的传播方式非常丰富，但根据它们的属性，可以归纳为三类：传统广告传播、新媒体传播和线下活动传播。

第二节　服装品牌传播的元素表达

文化价值体系构成可看作是服装品牌传播中元素表达的依据来源。在服装品牌中，很多秀场或新品的发布都会从文化角度切入，发掘传统工艺、传统色彩、传统符号等具有历史沉淀和精神价值的特色符号，以迎合服装品牌所推崇的文化价值理念、品牌的产品特点等，最终占据服装市场。

服装企业选择何种元素来表达将直接决定了品牌在消费者眼中以何种形象存在。因此，企业在进行传播策略决策前，首先要考虑清楚向公众传递什么信息。本节将以中国传统文化中的"民族服饰元素""传统色彩元素""传统工艺元素"为切入点，分别分析以其为元素表达的现代服装案例。

一、以中国民族服饰为例的服装元素表达

民族服饰元素是指借鉴传统的民族服饰中一些形式上的要素，如服饰的造型、图案布局、色彩、结构、工艺等多方面的搭配和组合。在不同民族、不同国家的服装设计作品中，民族服饰元素表达更多的是一种差异，而这种差异呈现出了"民族风"的特质，表达了浓厚的地域和民族特色，成为服装作品的生命力。随着现代服装文化的快速发展，特别是在"互联网+"时代，民族服饰艺术中鲜明独特的风格、精巧的工艺和至真至善至美的民族情感，往往更受消费者的青睐。

挖掘、吸收和弘扬中国优秀的民族服饰元素，将优秀的传统民族文化元素创意地融入现代服装设计，借以时装之型，传以民族之韵，已成为设计者获取现代艺术设计的创意灵感来源之一，同时也成为现代服装设计师热衷的研究课题。

在服装设计中民族服饰元素通常会以两种截然不同的方式体现视觉元素和精神元素：一是相对于具体化的视觉元素，主要集中表现在中国服装传统的审美意识上，突出现代时装轮廓与传统服饰元素的结合，如我国旗袍服饰上的盘扣、吉祥牡丹纹样、龙纹、绣花等图案及苗族服饰中的重叠百褶大裙等服饰，在视觉上展现出东方女性的高雅、恬静气质，如图5-1所示。二是民族服饰中独有内涵的精神元素，旨在传递民族精神的内在，更像是一种文化的传承、文明的延续。

图5-1　体现东方美的旗袍盘扣（图片源于小红书）

二、以中国传统色彩为例的服装元素表达

对于色彩的研究，中国古已有之。荀子在《劝学》中有云："目好之五色"。何为"五色"？孔颖达疏："五色，谓青赤黄白黑"。可见"青、赤、黄、白、黑"就是指中国传统色彩系统中最具核心色彩理念的阴阳五色学说，它们与中国传统的"金、木、水、火、土"阴阳五行学说有着紧密的对应关系。以"五色"为主的色彩系统和独特的色彩审美取向也体现着中国源远流长的文化底蕴，因此，研究中国传统色彩在现代服装设计中的元素表达应用，对丰富现代服装设计文化内涵和设计创新有着重要的意义。

在以中国传统色彩为元素表达的服装设计中，又可分为"直接应用"和"间接应用"。

"直接应用"，例如在图腾文化中，动植物图腾在色彩上往往较为固定，这使图腾色彩元素成为某一类风格的象征。在现代服装设计中，取图腾色彩及抽象的动植物图腾直接应用到现代服装设计中，再通过与服装设计风格的整合，就可以创新设计出一组主题特征鲜明、艺术表达明确、风格统一的系列服装作品。如以黄色系为主的龙凤呈祥，以红黄色系为主的山川亭阁，以金黄色系为主的年年有余等。

"间接应用"通常指在分析中国传统色彩后，根据中国传统色彩及文化，从设计需求出发取出新色，或将色彩元素组合后重构出新色，或找出中国传统色彩与设计需求或设计意向之间的联系，从色彩重构的视角出发，选出符合设计需求的色彩，再应用到现代服装设计中。色彩重构的范围非常广，因此设计创新思维也非常广阔，设计表现手法也非常多样。例如，通过水彩、平涂和刺绣的重叠等，都可以很好地表现出中国传统色彩的重构，实现中国传统色彩在现代服装设计中的重构应用。

三、以中国传统工艺为例的服装元素表达

在中国服饰文化中，上衣下裳制、衣裳连属形制与对襟样式构成了我国传统服饰样式，包含丰富多样的衣身结构，如盘扣、立领、衣襟、右交叉领、马蹄形的袖子等具有象征性的元素。近些年，在古驰、亚历山大·瑞秋（Alessandra Rich）等国际一线品牌中都可见使用中国传统服装结构符号的设计，有时，还会结合中国传统的面料和服装工艺。

以"编织工艺"为例，与机械化工艺制造相反，传统手工艺种类丰富且应用广泛。现代服装的缝制艺术是一个表达设计师思想、发展自我、创造事物的过程，同时蕴含传统文化的精髓。设计师利用手工编织的艺术技能来激发他们的创造性和发散性思维，使服装不仅具有民族风格特征，还具有简单、自然、朴实、亲切的特点，更能凸显着装者

亲和的气质，向世人展现服装的轻盈灵动和自然飘逸。传统的手工编织工艺材料与其他材料有着天壤之别，可以使服装更具弹性和柔韧性。其主要成分是天然纤维、柔软的棉花、顺滑的丝绸缎和棉麻，舒适、轻柔，使着装者可以实现穿脱自由。设计师PatBo在圣保罗时装周上展示了一款连衣裙，裙子由黑色材质编织而成，运用了肌理编织的手法，左侧带有条纹，充满性感和复古气息。匠心独运的肌理编织法和镂空编织法毫无疑问是怀旧情结的共鸣，再次将中国服装的独特魅力绽放在世人眼前。

第三节 服装品牌传播的途径

随着科技的发展和生活方式的改变，当下的服装品牌传播途径较21世纪初来说，已经十分丰富。常见的服装品牌传播途径包括图像文字传播、广告传播、电子传播、店铺传播以及一些能促进传播的人为事件（社群传播）等。

时尚传播的方法各异，但殊途同归。服装品牌公司应该针对自身的品牌特点，适当选择一种或多种品牌传播途径，针对性地展现服装产品、表达服装品牌理念，以获得消费者对于服装品牌的青睐、达到最佳的品牌传播效果。本小节将从广告传播、店铺传播和创立传播事件三个方面详细地介绍服装品牌传播途径的具体内容。

一、广告传播

在服装品牌的广告传播中，最常见的莫过于印刷类平面静态广告和视频类可视数字动态广告了，在这两大类别中，又可分为如下几个小类别。

（一）印刷类静态广告

印刷类广告作为传统的传播形式，主要以平面、静态的方式呈现在受众面前，用最直接的图文内容向大众介绍产品特点。此类广告通常印刷在可随时查阅的媒介上，具体如报纸、杂志、产品包装盒（袋）等，潜移默化地加深受众对品牌的印象。而面积较大的广告类型诸如宣传海报、路牌等媒介一般都放置于人流量大的公共场合，凭借独具一格的设计创意和视觉效果来吸引潜在客户的注意。

1. 时尚杂志

我国时尚杂志起步于20世纪90年代，其受众一般是有一定经济地位的年轻城市男女。每个杂志在创办前，都会事先明确其目标受众范围，再结合时尚杂志编辑本身的专业性、信息的权威性，综合来赢得中高端品牌的青睐。

时尚杂志上的服饰作品多是由杂志社向各大品牌主动借得所拍，最终形成供市民娱乐学习的产物。因此，让时尚杂志社关注名不见经传的设计品牌，就要求服装品牌策划者积累足够的时尚运作经验。作为品牌方，应及时主动地向时尚杂志社提供自身最新的服装款式信息，在进行产品拍摄时，要注重造型设计和时尚搭配来表达服装品牌的主题概念和品牌思想，以此获得杂志社的关注。目前而言，各时尚杂志的风格不尽相同，对于企业来说，最重要的是要找准与服装风格定位相契合的杂志。

例如，适合职业女性的OL系代表杂志有*GLAMOROUS*、*OGGI*、*CLASSY*等，此类杂志的服饰优雅而大方，内容相对保守；而另一类走在时尚前沿的杂志如*ELLE*、*BAZAAR*、*NUMERO*、*TOKYO*等，因实时发布国际最新的时尚秀而具有极高的鉴赏性，更容易受到时尚狂热者们的追捧，如图5-2、图5-3所示。

2. 宣传画册

服装品牌的宣传画册可以说是将产品推向市场的一张名片，制作精美的高档画册更能展现出服装企业的综合实力，是成功营销的助推器。根据企业文化，画册风格可以大气磅礴、可以翔实细腻，抑或朴实无华。

服装宣传画册一般分为两类，一类常用于宣传推广品牌理念，另一类则偏向于当季产品的搭配指导，如图5-4、图5-5所示。目的不同的宣传画册在设计制作时的要求也不尽相同，用于宣传的画册在表达品牌理念上会要求凸显品牌标识，帮助建立消费者对服装品牌的认同感。与宣传画册不同的是，在产品搭配指导手册中，服装品牌往往只需要将门店商铺中的大部分服装清晰真实地反映在模特身上，

图5-2 受时尚爱好者追捧的*ELLE*杂志

图5-3 受时尚爱好者喜爱的*BAZAAR*杂志

图5-4　品牌理念宣传画册1

图5-5　品牌理念宣传画册2

图5-6　《中国纺织报》（图片来源于官方账号）

并给予合理的搭配指导以达成视觉上的形式美即可。在设计制作品牌画册时，需提前规划协调好摄影、模特、后期修图、排版、印刷等工序，确保画册能全方位、立体地展示出品牌理念、当季产品及企业形象，从而提高销售额。

3. 报纸媒介

报纸媒介的优势在于制作发行的速度快，生产成本低，易于详细复制，可深入万家万户。但是报纸的呈现效果和制作工艺有限，印刷图片可能会存在失真问题，从某种程度上来说会降低读者的阅读兴趣。为避免一些基础性问题，企业可以选择专业性较强的报纸发布新品，如《中国纺织报》《服装商报》《服饰商情》《精品生活导报》等。这些报纸会设有专门版块来服务于服装企业，以此来引导服饰潮流动态，吸引读者的阅读兴趣，推动服装行业的发展，如图5-6所示。

4. 户外广告

户外广告的主要范畴包括楼顶大牌、墙体大牌、跨桥大牌、公交站台灯箱、LED大屏和遮阳篷看板等。对于置身于复杂多变的公共场合的户外广告来说，广告位的面积越大、视觉效果越丰富，越有利于观众远距离捕捉品牌形象，在第一时间抓住消费者的眼球并给予瞬间的刺激，给匆匆来去的行人留下深刻的印象。

户外广告通常会选择一些不太走量但动感十足、视觉效果强烈的艺术服饰来表现，商家并不会因为广告宣传而囤积此类产品作为主打商品。

相较于其他传播媒介，服装品牌户外广告的受众具有"高接触率""成本低""冲击力强"等特点。但是不能毫无针对性地选择户外广告的投放时间、地点和目标人群。由于户外广告所处的特殊环境及空间条件的限制，很难出现太多叙事性内容，这就非常考验企业的平面表达能力，并且长期固定形式的投放会对行人有印象记忆冲刷的效果，能够增强品牌的大众知名度，如图5-7、图5-8所示。如今，越来越多的企业开始注重户外广告的创意设计。

（二）可视动态广告

自20世纪以来，互联网的席卷性覆盖为信息的传播带来了更多新的理念与途径。互联网平台的24小时开放式线上互动共享为服装品牌的传播开辟了新途径。

很多服装企业更是不遗余力地想要通过这种形式来推广自己的品牌，与消费者之间保持良好的沟通。可视动态广告的形式多样，如电视广告、品牌网站的页面滚动及视频播放、微博推送、短视频软件推广等。多媒体网络推广同样需要策划者做好包括市场分析、受众分析、创意策略制定等全方位战略性规划。

1. 电视广告传播

电视媒介因其动态展示效果好、感染力与冲击力强、受众感觉真实等优势，一度成为最受服装品牌欢迎的广告传播方式。电视广告不受空间的限制，可"半强制性"地在特定的时间内循环播放，传遍亿万家庭。但留给品牌方的电视广告是极其有限的，通常在15~30秒，很难有大范围的内容输出，以至于初次观看时，难以给观众留下深刻记忆，所以企业在投放广告时往往采用重复播放的手段加深受众对品牌的印象。

电视广告的制作费用相较于其他传播媒介略显昂贵，一是电视广告的制作时间与成本高，对设计要求苛刻；二是播放成本高，尤其是在收视率高的黄金时段，其播放成本

图5-7　圣罗兰户外广告牌实拍1

图5-8　圣罗兰户外广告牌实拍2

是其他时间的数倍，并且各大电视台的播放费用也各不相同。

2. 新媒体传播

在近年的新媒体服装动态广告中，李宁或成为最受欢迎的品牌之一。如今越来越多的年轻人加入运动的大军中，在运动中修炼更好的自我，不断自我鼓励与肯定。李宁抓住了这一理念，在2022年发布了《吾即利刃》的宣传短片，讲述了一个热爱篮球的少年如何从坐冷板凳的旁观者一路逆袭成全队"利刃"的故事，鼓励更多的年轻人在运动的生活中跳脱刻板，发挥个性，创造更好的自己。

李宁品牌在对短片的构思中，并未随波逐流地选择过度着眼于对影片主角成功事迹的勾勒，相反以普通人的视角，呈现了那些为达到自身目标和实现梦想而付出的日复一日的汗水和拼搏。整条广告在激情四射的背景音乐中传达永不言败的运动魅力，与其品牌所传递的精神"一切皆有可能"一致。李宁品牌也正因为这些创意和积极正能量的价值传递，引起了观者的共鸣，带动受众的运动细胞，从而引导观众购买产品。

二、店铺传播

在布局完服装的广告传播环节后，最重要的就是发挥店铺的传播作用。服装品牌应该先根据自身的目标消费人群、产品的价格区间，结合具体的地缘因素加以分析，以此确定服装品牌的店铺具体该如何布局，思考在哪些城市会具有产品优势、在不同城市可能会面临的不同状况等关键性问题；在确定完品牌城市布局后，才是下一步的具体选址，同样是在具体的城市空间内，再选择对服装品牌发展最有利的位置进行店铺选址。

确定完具体城市和具体店铺选址后，最关键的就是店铺形象设计。店铺的形象设计是影响服装销售的重要因素，尤其是对于实体店铺而言，消费者会将门店形象当作服装品牌的直接形象。在店铺形象设计中，又可分为"店铺空间规划"和"店铺服务空间"两大主题。"空间规划"即包括产品的陈列方式、为消费者设置的流动线路等，"服务空间"则包括VIP休息室、试衣空间等。只有对店铺传播的各因素进行综合考量，才能在已有的投入成本中，将效益最大化。

（一）城市选择

根据对品牌目标销售人群的分析，城市居民是服装销售的主要对象。总体来说，由于城市级别不同、经济发展不同以及人文环境的差异性，其服装消费的特征也存在着一定的差异，但随着国家经济文化的发展和流行趋势的传播，一线以下城市的服装消费水平将逐渐向一线城市的消费水平靠拢。

一线城市是处于重要地位并具有主导作用和辐射带动能力的大都市，是经济文化高度发达的地区，也是最具购买能力的消费市场。如今一线城市指上海、北京、深圳、广州以及15座"新一线"城市。二线城市多集中于沿海、沿河地区，经济发达，交通便利，对我国的经济与社会发展有较大的影响作用。一线城市集中了最具实力和品位、最具时尚潮流感的品牌服装消费群体，是高档奢侈品集团寸土必争的目标市场，同时随着二线城市对服饰类奢侈品品牌认知度的成熟，中国一、二线城市的奢侈品消费水平正在拉近距离。三线城市作为经济总量较大的小城市来说对服装品牌的发展具有战略性意义，而四线城市则综合能力相对较低，主要指中国的部分地级市和县级市（针对各城市分析品牌情况）。

随着一、二线城市品牌服装消费市场逐渐饱和，以县级市为代表的三、四线城市逐渐成为服装品牌企业大力开拓的市场。其中美特斯邦威、以纯、森马等致力于以大众化的价格打造年轻活力且时尚流行的产品，如今在三、四线城市已经做大做强，成为服装行业中实质性的大品牌。随着经济建设的不断发展和城市辐射作用的增强，小城镇及农村地区对服装品牌的认知和消费能力也得到迅速提升，这极大推进了各类服装品牌在这一市场领域的拓展。

（二）店铺选址

经济的不断发展，市政规划的重组，我国商业区被不断升级，居民区得到扩容集中，这有利于商业中心招揽更多的顾客，使其在经营上更具发展潜力。将品牌店铺安置于人流量较大的商业中心、步行街或者是剧院、电影院、景区等娱乐场所附近，有利于顾客快速记住地址，并且来过的顾客向别人宣传介绍，会比较容易指引他人光顾。商铺周围交通设施较为齐全，轨道交通、公交车站点，停车场等一些基础设施有利于顾客出入。即使处在同一个商业圈中，与主要交通节点之间的距离也会产生不同的效果，在主要车站附近，或者在顾客步行30分钟路程内的街道设店。选择街道入口处或者人流量较大的临街区设店，尽量规避悠长的小巷地区。

不同的服装品牌会根据其定位以及目标群体的聚集点而选择品牌的销售地，如果是对目标顾客有一定需求的，则需要针对不同需求的客户制定不同的选址方针。因此，在选址前首先应该对自己所经营的服装品牌进行精准定位。具有较高租赁价值的商铺往往可见性强，消费者经过的频率大且到达率高，租赁价格也会随之升高，品牌应根据自身条件谨慎考虑。然后考察选址周围是否有相似的店铺，因为客户通常会被周围的环境影响自己的判断。具有同类商铺的街区虽然给品牌带来竞争压力，但是更容易招揽较多的目标消费群体，而相关的店铺聚集能快速吸引同目标的消费群体。在长期的经营中，某地区会自发或者在引导下形成某类服装的"集中市场"，比如苏州虎丘的婚纱城在各种相同性质的婚纱店的共同努力下已经形成一种品牌效应，并且发展出一条完整的婚庆服务链，成为中国首座婚尚全产业链综合体。

选择投资商铺时还要对选址进行专业的技术分析，不能完全依靠以往的经验。成功具有一定的偶然性与特殊性，某一商铺的成功往往是在多种优质条件共同努力下形成的，在店铺的选址过程中可以适当地借鉴以前成功的案例，但不可完全地照搬照抄。在服装品牌创建过程中切记避免"短、平、快"的投资方式，不要被短时间的收益或者亏损影响了自己的判断，应通过选择合适的店铺选址，做到长期规划获得可观盈利。

（三）店铺空间规划

一个成熟的服装品牌销售店铺在经营前都会对有限的空间作整体布局，通过流动线自然划分各区域，以满足顾客在店铺消费中的各项基本功能。在商品摆放整齐的基础上赋予人文关怀与艺术创造，使消费者产生心理的愉悦感，带动客流量的同时增加消费额。

商铺的区域划分除了展示空间外，还应在不同的陈列方式之间预留一定的空间作为顾客行走和驻足浏览商品的通道。优质的商铺人流动线设立使顾客在不走回头路的前提下能更多地浏览到商铺内的最新产品，以此增加销售率。因此，合理地安排人流动线也是陈列成功的关键之一。

人流动线大致分为"直线流动"和"环线流动"两种。

"直线流动"又称"穿越式流动"，对商铺固有空间结构的要求过高，店铺通常在不同的方向有出口与入口，当顾客进入空间后多会从另一侧出口离开。根据这一特性，直线流动的店铺在平面布局上一般采用两种方式：一种是对称式布局与非对称式布局。其中对称式布局人流动线明确，商品展示明朗，但是过于呆板而缺乏新意，如图5-9、图5-10所示。

另一种是非对称式布局，虽然人流动线模糊，但空间错落有致，形式丰富，容易吸引顾客的步伐，即"环线流动"。在"环流动线"中，将动线围绕商品展示做规划的目的在于使顾客能够按照设定的路线游览全店，增加顾客与产品的交流。值得注意的是在人流动线设计中，品牌可以将本季的主打产品放于中心位置，通过动

图5-9　人流动线之直线流动1

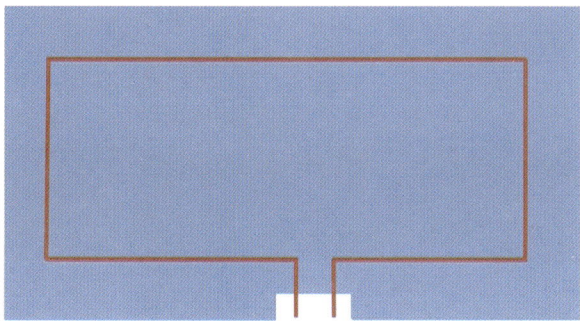

图5-10　人流动线之直线流动2

线的位置感带动消费者的关注度。再者动线的设计之中还应当注重其秩序感而不至于商铺中的顾客无故交错行走带来不便，如图5-11、图5-12所示。

（四）店铺服务空间

在实体商业形式中，商家进行销售的不仅是物质形态的商品，同时还应该包括非物质形态上能够满足消费者精神上需求的服务项目。因此在商铺空间的规划上，除了商品展示空间和通道空间等功能空间外，服务空间也承载着给消费者带来舒适购物体验的重任，并直接影响着销售额的增长幅度以及服装企业的品牌形象。这些服务空间主要包括顾客休息空间、试衣空间、交易空间。

1. 休息空间

在经过长时间的行动之后，适当设置一定的休息区域让人减少活动，能在心理和生理上使顾客得到放松，并能够消除疲劳恢复体力和精力。商家在营造优质服务环境的时候将休息空间纳入规划内，在提升服务质量的同时，还能增加顾客在商店内驻足的时间。休息空间的设立不仅服务于消费者还应注重对陪同消费者的服务，如在休息区提供舒适的沙发、茶点，摆放品牌时尚杂志以供阅读需求，使每一位来宾感受到温馨细致的服务，这也有利于提升企业品牌形象以及培养潜在顾客。另外，休息空间一般还会与试衣间保持视觉上的通畅，以便陪同者在第一时间给予评价，增加产品交流，如图5-13所示。

2. 试衣空间

试衣空间对于任何服装店铺都是不可或缺的重要组成部分，是一个私密度极高的空间，如图5-14、图5-15所示。它通常会在通道空间旁另开辟出一个孤立空间，且不会采用太多过渡性的手法。试衣空间不仅是给顾客提供试穿衣服的地方，

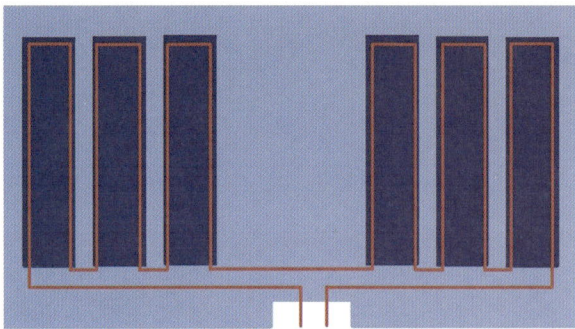

图5-11　环流动线商品排布1

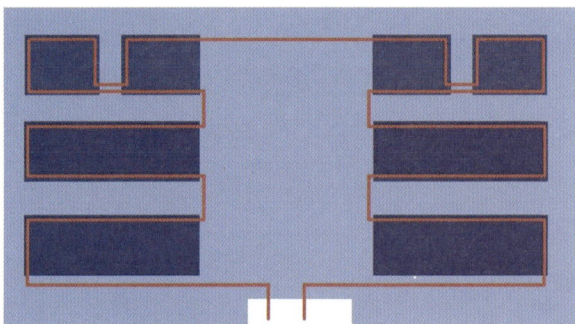

图5-12　环流动线商品排布2

图5-13　店铺服务空间的休息空间设置（图片源于Pinterest）

同时也是顾客群体交流意见、思考并决定购买的重要场所。因此，试衣空间也是体现品牌细节的重要节点。一般来说，试衣空间较为狭小，所以商家可采用一些反射度较强的金属、镜子等材料，使空间在视觉上得到放大。同时，试衣空间还需要设置衣物以及顾客随身携带的物品的摆放平台，能够提供不同角度反射的镜子以及相应的照明方式。另外，在试衣空间内同样要考虑休息空间，这些细节上的设计都是为了给顾客一个短暂的放松时刻，潜入消费者的决策过程，影响决策结果。

图5-14 店铺服务空间的试衣空间设计1（图片源于Pinterest）

图5-15 店铺服务空间的试衣空间设计2（图片源于Pinterest）

图5-16 店铺交易空间（图片源于Pinterest）

3. 交易空间

交易空间是整个购物体验的最后区域，此区域是整个消费体验的最后环节，同时也是影响消费者体验最关键的部分。交易空间主要分为两部分，付款区与资料储存区。服装店铺通常会设立1～3个结账通道，在结账等候区的顾客都是已经做出明确购买意向的，而长时间的等待过程会让人感到厌烦，影响消费体验。因此交易空间在与陈设柜协调一致、相辅相成的基础上还需要进行一些设计来分散消费者的注意力，对于等候区的消费者来说，最容易引起注意的就是结账柜台后面的形象背景墙，对于快销品牌以及追求高知名度的服装品牌而言，背景墙的经行设计能够树立品牌形象，减弱顾客在等待结账时的焦躁感，增强品牌的附加价值。

付款区的设置，基本处于整个人流动线的端点，通常与进出口相对，设计时以不与其他人流动线产生交叉为准则。此区域属于购物体验的末端环节，也是服务人员与顾客互动最多的环节，更应该注重柜台的设计以及服务人员的态度，如图5-16所示。

商品库存空间设置得相对较为隐蔽，

库存空间的秩序应该与展示空间的秩序相隔离。在条件允许的情况下，尽量避免店员的取货路线与消费者的行进路线相互重合或者交叉。

（五）商品陈列

展示空间是实体商业空间的主体。服装产品的特性、陈列的数量是该空间规划的基础，并在装饰上体现商店的档次与品位。陈列方式是构成店铺展示空间内部的重要元素，在满足展示商品需求的同时也起到划分内部空间，引导人流行进的作用。展示空间的分隔与展示手法也体现了该服装品牌或是该店铺的销售侧重点。大部分服装品牌都由主线产品与支线产品组合而成，而主线与支线的划分则应该体现在商品展示空间的布置手法上。

1. 货架展示

在服装商铺的货架展示中，有"横向陈列""纵向陈列""单杠陈列""孤岛式陈列""活动式陈列"等多种方式。

最常见的如纵向陈列方式，即将同类服装从上至下地陈列在同一组货架内，能够让顾客一次性浏览到全部的商品，通常展示的是鞋包类较为立体的服装产品。货架的最上层由于位置的特殊，消费者不宜方便地拿到产品、细看产品，所以常陈列一些可以很好点缀空间的商品。而作为消费者视觉最佳位置的货架第二段，正好能够准确地拦截目标客户视线，因此，品牌的主打产品多放于此，以体现主次结构。该段陈列的商品应该是高利润的商品或是重点销售的产品，如图5-17所示。

单杆陈列，也可称为水平式陈列，指将商品按照水平的方向摆放，通常运用在衣服裤子等商品的陈列中。尤其是对品牌女装来说，大多是由2～3个色组合而成的系列设计。因此，在单杠陈列中一般是陈列一个具有故事主题的系列产品，并通过对服装的色彩、花型、长短、肌理等来控制侧挂的节奏。其中产品的色彩与花型最为显眼，应当着重搭配与调和，比如运用产品的一深一浅、一花一素间隔成列，使卖场主题鲜明而井然有序，令顾客产生律动并轻易锁定目标商品。对于产品色彩丰富、风格活泼的年轻品牌来说，则可以将产品根据彩虹的颜色依次排开，或是运用同一色系由浅入深进行组合，如图5-18所示。

孤岛式陈列，一般用于样品的展示，比如当季的新款，需要以立体的方式将服装的各个细节展示在顾客面前。也可以将相关的服饰作为成套的系列商品进行连带陈列，利用饰物、背景和灯光等配合系列服装，营造出一种主题场景。在营造方式上注重陈列风格与产品定位是否相符，陈列位置的大小与规模是否合适，最后才是从艺术性与创新性角度强调主题系列产品。此时，孤岛式陈列中的商品不再是以单款零散销售的方式展示给顾客，应当注重对整体造型的把控，包括款式色彩的搭配，价位的协调，饰品的

图5-17　货架展示之纵向陈列方式（图片源于Pinterest）

图5-18　货架展示之单杠陈列方式（图片源于Pinterest）

图5-19　货架展示之孤岛式陈列方式（图片源于Pinterest）

点缀以体现商品的主次，兼顾整体性、协调性和层次感，如图5-19所示。

活动式陈列，一般将形体大方的营业员作为模特，并每天为其选取一套衣服作为制服，通常是以休闲为主的服装款式。在服务过程中，店铺人员以动态的方式向顾客传达整套服装的体验感，无形且真实。品牌在综合运用陈列的基本原则之中应因地制宜，给予最显眼的位置，并辅助产品完成整体布置，利用广告、道具和移动造景手段，强调产品的目标顾客，使展示和宣传具有明确的目标，最终目的在于通过精练的形式与丰富的内涵整体展示产品使销售尽快达成。

2. 橱窗展示

橱窗作为店铺形象的直接代言，店面和橱窗共同构成消费者在实体商业空间的第一层体验，对于服装品牌的营销有着至关重要的作用。橱窗静止而顾客不断行走运动，所以在橱窗设计中应当全面考虑顾客对橱窗的静态观赏以及远视效果。富有创意且与众不同的橱窗展示能使顾客远距离感受到效果并为之吸引。放眼整条街道，虽然橱窗只占小小的一段，在行人眼中如同电影片段一般转瞬即逝，但陈设精致具有文化气息的橱窗内模特穿衣完美，可以使顾客驻足而留下美好的印象，并且能够直接明了地向顾客展示服装品牌的风格、传递商品信息。

在橱窗的布局上，模特与服装是橱窗中最主要的两种元素，并由此决定整个橱窗的风格与框架。就目前而言，我国橱窗一般尺寸为1.8~3.5米，适合放置两至三个模特。通过模特的不同变化组合方式产生间隔、呼应与节奏感，其中包括等距的排列方式，节奏感强且比较抢眼，此方式多用于休闲装品牌。看似单调的排列方式可通过对模特姿态的统一调整使整个画面生动有趣，而间距不同的模特展示可以使整个橱窗呈现出一种活泼自然的风格。

21世纪是一个"以人为本"和"生活艺术化"的时代，我们所有设计的出发点都在于，如何能够让人们更好地享受设计带来的便利，以及达到物质与精神上的满足，反映在橱窗的设计上则是品牌主题橱窗的流行。主题橱窗更能够准确传达品牌文化以及商品的信息，并借助空间、色彩、道具、灯光等设计手法创造意境，展现服饰服装的魅力。服装背景墙是橱窗展示中的重要组成部分，主题式服装品牌的橱窗景观，关键之一是背景色调的选择，它是橱窗景观主题风格的基调。在色彩选择上大致能分为多元色和单色，多元色能给人一种青春阳光的主题感，如图5-20所示；而单一色则会显示出一种稳重高贵的特点。

时尚类服装品牌的橱窗多以多元色为主题色彩，通过一些明快跳脱的色彩来提高橱窗整体的效果，契合时尚品牌的设计特色。相反，男女职业装品牌或是高档品牌的服装店通常会采用单一色彩，并且主要是以不饱和的高级灰为主题背景，以显示其稳重大气的特点。在选择搭配的色系时，不同的服装品牌都有不同的侧重点，大多数橱窗设计的选择会受到当季服装色调、品牌设计要素的延伸以及每年的流行趋势等因素的影响，当然除了迎合市场的需求，在选择合适的橱窗色调时也应该考虑到是否能够完美地展现橱窗的设计主题。

在设计橱窗造型的时候，巧妙地利用合适的道具可以让整个橱窗景观变得更加生动。橱窗的主题很大程度上需要借助道具的点缀来烘托氛围，目前知名的服装品牌实体店的橱窗景观使用的道具大致可以分为静态道具和动态道具两种，其中静态道具中又以道具模特为设计之首选。其他诸如亚克力、木材、石材等搭建的展示架，以及一些装饰用的道具都是借其形态以达到展示服装产品静态效果的用途。而动态道具通常包括电子展示牌以及一些互动装置，动态道具的运用在橱窗设计中占比较小，使用率远不及传统的静态道具。但是在宣传上，电子展示屏能够不受场地的限制，同时大型的展示屏宣传范围更广，能够展示更多的细节。

灯光的选择与背景色密不可分。不同的灯光与背景色的结合能够营造不同的主题效果，给消费者带来不同的心理暗示。与色彩相同，灯光分为冷色光与暖色光，色温在5300K以上的灯光称为冷色光，更加接近自然光，给人明亮的感觉，容易集中人的注意力，冷色光多用于办公、医院、阅览室、会议室等场所。色温在3300K以下的色温被称为暖光，光源从中间散发出红色，因此能够给人以温暖、舒适的感觉，在服装品牌店铺中无论是强调活泼或是舒适，又或是以正装为主题的服装品牌都倾向于选择暖色光作为橱窗设计的主要灯光，如图5-21所示。

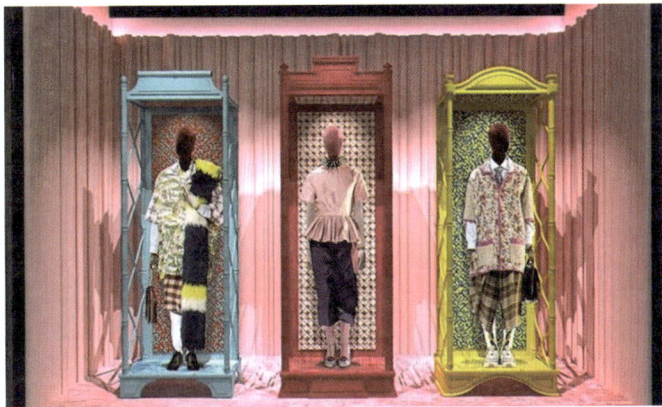

图5-20　多元色的橱窗展示（图片源于Pinterest）

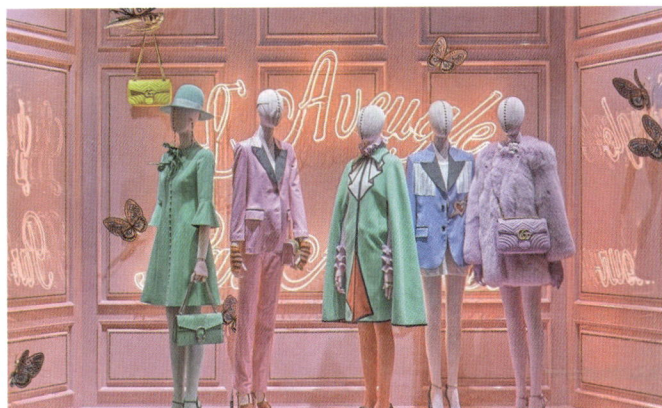

图5-21　古驰品牌的橱窗展示（图片源于Pinterest）

图5-22　路易威登品牌的橱窗展示（图片源于官网）

以目前较为流行的橱窗设计形式为例，大部分案例中灯光使用形式单一，缺乏艺术感染力，用于照明以突出服装产品为主，而起到主题烘托作用的较少。在很多的橱窗景观中，都是从四个角度打光，或是由上至下、由底向上打光，以求做到摄影棚式的打光，减少阴影面积，突出服装的细节部分。这样一味地追求服装的可观性而忽略了橱窗景观的整体效果，会割裂服装产品与橱窗景观的联系，以至于使服装品牌的营造效果大打折扣。

作为宣传的橱窗设计对消费者的消费欲望有着很强的心理暗示，所以橱窗设计首先要突出商品的特性即服装品牌的设计特点、定位等，同时又能够满足一般消费者的审美需求，让消费者看后又能够对商品产生好感以及消费的欲望，如图5-22所示。因此，橱窗作为店铺的门面，在营造店铺的氛围效果上有着举足轻重的地位，合适的橱窗设计能够提升店铺规划的整体效果，能够在吸引顾客，促进销售的同时，成为点缀商铺的艺术佳作。

三、创立传播事件

服装品牌的传播离不开人为创立的传播事件。常见的传播事件如品牌方举办的新品服装发布会、供应商举办的服装展销会、面料商举办的面料订货会等，再如，通过新闻媒体来宣传服装品牌或是某个系列的产品。

新品服装发布作为服装企业最常用的传播事件，除了向社会展示自己的产品特点和设计理念，更主要的是品牌方联络与协调客户关系的一种重要手段，是在一定的时间与空间内，邀请行业内外人士相聚探讨的一场特殊会议。对于企业来说，了解产品发布的形式并参与、制定适宜的参会流程从而来提高企业或产品的知名度，提升企业形象，以达到产品商业流通的目的。

（一）展销会

展销会早期的形式是集市，是最古老的交易方式之一。如今在这个博眼球的市场经济体制下，如何争夺目标群体的注意力成为商家格外关注的热点，而全国各地举办的各类服装展销会便是用于争夺注意力的手段之一。展会形式不仅为买卖双方在时间与空间上提供了便捷的交易途径，而且有利于参展商在最短的时间内浓缩展位设计、介绍产品、广告宣传和介绍新工艺等。完备的展会方案需要参展商长时间的准备，包括展位设计、展示品的开发与陈列、价格的确定、参展人员的培训以及用于企业形象宣传的印刷品设计等。

在众多参展商中想要引人注目，展位的门面设计就显得相当重要，并且还可以辅以宣传材料，如宣传单、小礼品、手提袋等。充足的准备有利于参展商在众多商家中脱颖而出，并在短时间内获得经销商的信任，建立和发展客户关系，以扩大服装产品的销售地区和范围，从而达成合作意图，带来强大的经济价值。对于企业来说，多次参与有利于企业了解行业情况，通过货与货的对比找出自身的不足，从而提高产品品质，增强企业竞争实力，可谓是知己知彼，百战百胜。

展会形式一般分为两种形式。一种是综合性展览会，在这里各种商品均可参展并洽谈交易，比如上海世博会；而另一种是专业性展览会，比如上海面料展。在这些专业的服装展览会中参与者可以捕捉到该行业最新的流行趋势。各企业可以参与这类专业的展览会，能高效地借此平台推广产品、拓展市场、了解市场最新信息、开发客户、保持贸易联系等。而展厅面积往往较大，展品琳琅满目、丰富多彩，所以在参展前，参与者需要提前做好准备，通过网络信息等途径了解展会信息，明确自身参展的目的，并尽

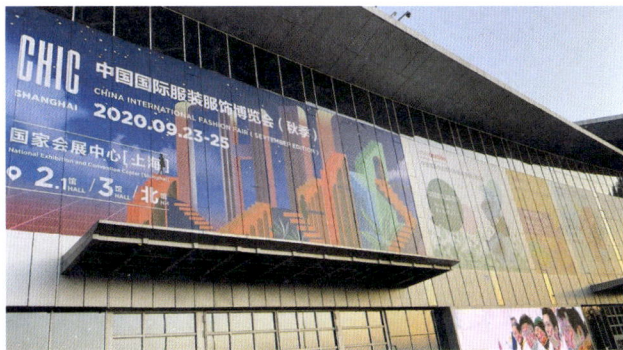

图5-23　中国国际服装帽饰博览会实拍1

图5-24　中国国际服装帽饰博览会实拍2

量在参展过程中找到合适自己的品牌商、供应商、制造商、代理商等，如图5-23、图5-24所示。

除去固定展会，企业还可以通过网络搜索大量具有针对性的展会信息，获取更多相关资料。一般来说，参展的服装企业会在会展之前准备好参展方案，其中包括搜集会展信息、参展主题、公司简介、参展人员安排、参展目的、参展市场SWOT分析、参展客户邀请方案、参展资料准备、展会预算、展后跟进安排等信息。将所有细小的工作都提前准备好并压缩于短短几天内，以一举击中目标，带来极大市场效益。在此列举了某公司部分环节详细参展计划，可供参考。

1. 展会信息

展会名称、地点、主办单位、承办单位、参展主题、布展／参展／撤展时间、参展品牌企业。

2. 参展人员安排

总负责监控全场的办公组、负责发现客户并销售的销售组、负责接待联络沟通工作的公关组、制定展会策划方案并负责宣传的宣传组、布置展位以及现场安全管理的布展组。

3. 参展目的

树立形象，扩大声誉；展示新品，促进销售；寻求商机，拓展市场；市场调研，获取信息等。

4. 展位设计

结构设计强度稳定、禁止采用全封闭式顶棚确保消防安全、在展位范围内布置搭建。

5. 参展客户邀请方案

可采用邮寄信函、邮件发送、电话传真结合的方式，由第三方如组织相关人员送达。

6. 参展资料准备

宣传资料，如宣传册、海报、赠品等；洽谈资料，如名片、相关合同书；服务资料，如客户资料统计表、嘉宾签到簿、名片夹等；其他物资，如现场跟进记录表、客户提问登记表、水、工作证等。

（二）订购会

服装订购会指的是服装企业邀请经销商、加盟商等集中于一起商讨订货的会展。一般来说，大型企业会以公司名义独立安排发布，而一些中小型的服装企业会抱团参加大型专业订购会，以海宁馆、常熟馆等类似团体形式发布，吸引更多客户。会务组相关人员需要按照目标市场分别邀请并告知日程安排签约经纪商、代理商等客户，并确定客户到会人数，如图5-25所示。

在进入会展前，服务人员需充分准备好客户预订单资料，会后及时收取报告，做到收发、汇总、反馈订单等记录无误差。资料汇总于销售部，并将反馈的款号、数量分别上报企划部、设计研发部、财务部、生产部，企业最终进行归并款式、整理数据、提取设计技术资料、核价报价、预算一期资金、接洽加工厂，最终确定产品的款式数量和计划货量。

（三）时装秀

时装秀不同于展销会，品牌企业一般会以动态的方式发布最新产品，即所谓"时装秀"，有时也会与静态展示结合向外推广。并不是所有企业都有资金能力支撑时装秀的举办，所以一般刚起步的企业会通过订购会的方式向外发布新产品。时装秀通过动态的感染力向观众传达品牌思想，形成轰动效果，这在欧美市场的时装周中显得尤为明显，参加时装秀的品牌企业以此来宣传推广自己的品牌，加深公众的记忆，从而提高服装品牌的附加值。

时装秀上的服饰都是企业的最新产品，向公众社会展现企业最新研发的新面料、新功能、新造型抑或是新风格等。企业通过时装秀向业界无形传输专利信息，带动新审美与流行趋势，从而吸引买手、商场客户等签约下单，获得市场认可，所以实质上时装秀是一场商业性质的定向活动。时装秀能快速占领市场，一方面向大众展现企业实力与品牌影响力，另一方面看市场的反映情况，这也是对自身新产品最直接的检验，如图5-26、图5-27所示。

图5-25 服装面料商订货会实拍图（图片源于公众号）

图5-26 杨子（Annakiki）品牌2023秀场

图5-27 古驰品牌服装秀场

一般来说秀场的主要观众大致分为两类群体，第一类是各大买手及买手店主理人、商场负责人、品牌VIP客户等；第二类是企业为了更好地推广品牌，增加曝光，会邀请各大媒体编辑、媒体关系人等，有时候企业还会花重金邀请明星、社会名流、网红等来制造话题，提升品牌知名度与影响力。值得注意的是近年来在独立设计师品牌时装秀中有一个极其重要的组成部分，作为嫁接品牌与商业的桥梁，称为show-room（源自欧美时尚行业成熟的市场运作模式下聚集设计师品牌和买手的线下交易平台），以此来吸引时尚买手下单，时装秀后的订单绝大多数都来自买手在showroom的下单。

时装秀尤其需要策划部提前准备，包括会展选址、场地布置、产品陈列、邀请顾客、客服组织等。新品发布秀可以由企业单独举行或者参与联合机构举办的时装周。如果公司单独举办，会展地址可以选在公司所在的高档宾馆、会展中心或其他与品牌定位、主题风格合拍的场所。在条件允许的情况下，企业还可以将会展布置于一线城市或者国外。

第四节　服装品牌传播中品牌认同感的塑造

在消费者自我意识觉醒和流行信息渠道多元化的今天，对于服装品牌来说，成功将品牌的文化理念转为公众的品牌认同感，就等同于占据了市场、获得了消费者的青睐。

品牌认同感的塑造是促进服装品牌价值体系闭环所不可缺少的重要组成部分。如果说服装品牌自身的文化理念是企业向消费者传达的信息，那么消费者主动接受并认可这一信息便是对服装品牌产生认同。这种关系的建立有助于帮助品牌完善自身的价值体系，帮助建立品牌形象和品牌的不可替代性，同时，这也是服装产品能够在品牌加持下持续维持"品牌溢价"的重要推手，让消费者自觉为情怀买单。

品牌认同感也可以看作服装品牌效应的外延，是大众的消费观对品牌形成依赖的表现。这种外延效果会在消费者的消费行为中得到表现，消费者在有需求的时候往往会偏向那些得到认同感的品牌。好比一提到可口可乐，我们脑海中就会浮现出亮眼艳丽的红色背景与白色斯宾塞字体的形象设计，也会联想到由企业传递出的激情、活力、畅快等品牌理念。由此看来，品牌认同感的塑造是当下服装品牌在多元市场中牢牢抓住特定消费群体所必须具备的能力。

一、了解消费者，把握消费动机

品牌认同感塑造的首要前提是了解消费者，把握消费者的消费动机，以此来打造服装品牌的文化价值，建立认同感。

随着中国经济不断发展，物质条件的极大丰富和新媒体的蓬勃发展，极大地帮助了大众形成自我意识消费和审美消费等新的消费方式。人们不再单纯地只注重产品的品质和体验，更注重产品的品牌文化、审美与情感触动是否能与自己的个性相符，能否展现自己的个性，表现自己的与众不同。

沃顿商学院的市场营销学教授沈侨伟说道："今天的年轻人更加关注自己的需求，而且比以往更加希望以一种不同的方式确定自我。他们希望与众不同，我认为这是一种自我意识的觉醒。"与此同时随着新媒体时代的到来，抖音、快手等新的媒体平台颠覆了过去传统的媒介形式，在新媒体环境下更多的是信息消费者和品牌的一体化。消费者可以在新媒体平台上找到共鸣，同样也会在不经意间受到新媒体环境的影响。

消费者自我意识的觉醒不仅要求国产服装品牌改变原有的营销方式，还要求企业学会利用新媒体平台，在了解消费者的诉求后，满足目标消费群体的个性化需求。

二、明确品牌定位，打造品牌内核

国产服装品牌想要在市场竞争中立于不败之地，首先要与竞品形成差异化，明确自己的定位。在了解消费者的消费诉求和消费行为动向后，服装品牌可以通过分析这些消费行为来完善自身的品牌定位和品牌形象，针对品牌的目标人群打造品牌内核，完成品牌价值观的输送，最终形成自己独特的品牌文化以获得消费者的品牌认同。

中国服装行业很早就发展得较为成熟，但在很长一段时间中，中国市场内的一线服装品牌几乎都被国外品牌所包揽。服装行业竞争激烈，市场中大部分国产服装品牌从实际意义上来讲并不能算作真正的品牌，由于缺乏强大的品牌内核和支撑品牌形象的品牌理念，它们在市场中往往知名度较低，很难得到消费者认可，销量大多是出于性价比的选择。但在如今新媒体的影响下，消费环境也发生了剧烈的变化，越来越多的企业开始接触并了解消费者的消费心理和消费动机，开始围绕特定的消费者进行品牌的战略规划，这无一不为中国服装品牌的崛起添砖加瓦。

个性化的品牌形象要建立在明确的品牌定位以及独特的品牌内核之上，这是品牌打败竞品，占领消费者心智的利器。品牌形象是消费者对一个品牌最直观的感受，是一个企业价值观、品牌定位、品牌联想的综合表现，就像我们刚认识一个人，干净整洁的外表往往能给他人留下一个好的印象，如图5-28、图5-29所示。

图5-28 以"女性解放"为理念的本土服装品牌"妖精的口袋"（图片源于官方微信公众号）

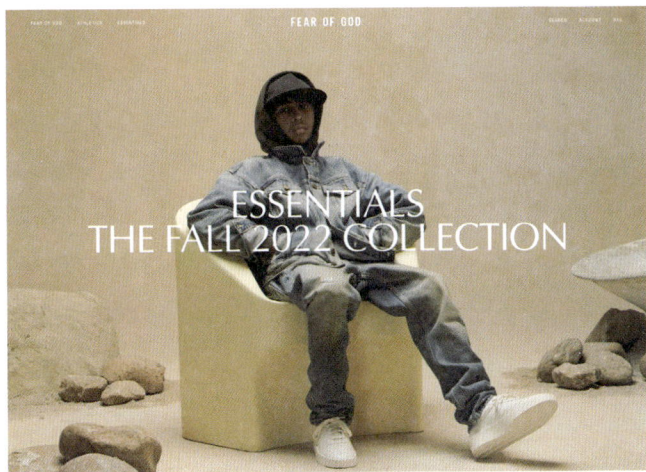

图5-29 主打街头潮牌的美国品牌"FEAR OF GOD"（图片源于官网）

三、合理利用KOC、KOL，促进消费者的品牌认同

除了企业自身通过不同渠道向特定目标群体传达相适应的品牌理念来建立品牌认同感外，塑造服装品牌认同感还需要借助消费群体所青睐的建议领袖们（KOL 关键意见领袖、KOC 关键意见消费者）。

在多元化传播媒体的环境下，国产服装品牌要想快速地提升自己的品牌知名度，需要深入消费者所关注的社交媒体中，并合理利用受消费者青睐的KOL、KOC们进行垂直宣传。KOL 和 KOC 作为领域内的意见领袖，他们在社交平台上拥有大量的粉丝，利用他们的垂直宣传往往就是在对品牌所预期的目标客户群体进行定位宣传。这些网络达人作为内容创作者，本就有着自己独特的定位，加上通过创作和服装品牌方相关的内容，通过分享消费体验抑或消费感受去推荐产品，更能直击目标群体。

服装品牌可以根据自己的营销费用去选择适合自己产品的KOL、KOC，可以通过观察他们的粉丝量、评论量、累计曝光量转化率等数据，选择一批合适的人。在品牌的营销节点或是新品发布前期，制定合理的KOL 营销策略，选择合适的新媒体平台利用这些网络达人进行营销推广，不仅可以利用他们所拥有的产品垂直粉丝来提升产品销量，还能够为自己的官方自媒体平台进行引流，也能为达人自身的账号涨粉。这样的方式可以快速地增强品牌的曝光度从而提升品牌知名度。

最后，品牌要与KOL、KOC们建立一个长远的合作关系，可以选择营销效果较好的达人成为自己的品牌推荐官，以便品牌长期进行营销推广。

本章小结

1. 品牌的传播策略研究是服装品牌策划与运作中必不可少的重要环节，在了解传播形式、传播途径和传播以后，才能进一步壮大品牌发展。

2. 在服装品牌的传播中，品牌表达元素的选取将直接影响到品牌传播的效果，因此做好服装品牌元素选取和表达是传播成败的关键因素。

3. 传播途径作为传播载体来说，需对服装品牌风格、品牌受众群体和品牌形象，进行综合考量，如何在有限的经费和理想的预期中权衡传播方式，是每一位服装设计师都应不断学习和了解的。

4. 品牌传播的最终目的是成功吸引目标消费群体并最终产生市场效益，因此，是否能通过品牌传播来获得社会的认同才是评判品牌传播策略的重要依据。

思考题

1. 品牌传播的含义主要包括哪些方面？

2. 简述品牌传播中元素表达的目的和意义。

3. 在服装品牌策划与运作中，你觉得企业该如何选择品牌传播途径？

4. 你认为服装品牌运作、品牌传播和品牌认同感的关系是什么？

第六章
服装品牌的营销策划

课题名称：服装品牌的营销策划

课题内容：价格定位

营销模式

客户服务体系

课题时间：8课时

教学目的：通过服装品牌的营销策划内容的学习，使学生从价格定位、营销模式、客户服务体系三个角度来建立对服装品牌的营销策划概念。

教学方式：1. 教师PPT讲解基础理论知识，并根据教材内容及学生的具体情况灵活制定课程内容。

2. 加强基础理论教学，重视课后知识点巩固，并安排必要的练习作业。

教学要求：要求学生进一步了解服装品牌的策划过程，并根据课程内容结合实例，对不同服装品牌的营销策划模式和成效进行探讨。

课前（后）准备：1. 课前预习本章节，并了解服装品牌营销策划的具体案例。

2. 课后针对所学知识点进行反复思考和巩固。

品牌的营销策划是指在企业通过借力发力等手段完成资本积累，为消费者与企业共同创造价值，以实现自身增值的市场行为。在这一过程中，消费者对品牌市场行为做出的反馈，很大程度上将成为评判服装品牌营销策划成功与否的重要指标。

为确保市场收益的最大化，企业在制订品牌营销策划策略时，必须以满足消费者需求和欲望为核心要素。若服装产品的价格定位过高，则销售额有限；若价格定位偏低，则利润单薄。因此，服装企业必须善于找准自身的定位，明确目标消费人群，制订符合市场规律的销售策略。

本章主要从服装品牌的价格定位、品牌的市场营销模式、如何建立和保证高质量的品牌客户服务体系三个方面进行主要分析讲解，包括对制定不同策划环节时所需考虑的主要因素进行不同层次的阐述。此外，如何在拟定营销策划时，结合近年来由于互联网的高速发展衍生出的新型销售模式和新型客户生态服务体系，这也是本章需要着重探讨的问题。

第一节　价格定位

服装品牌的价格定位实质上是对目标客户群体的定位。在广阔的服装市场中，如何找到并占据属于自己的发展区域，并最终在消费者心中烙上不可替代的烙印，这是每个企业都在思考的问题。服装的价格定位不同于品牌定位，它着重于目标消费人群的消费水平与服装成本之间的关联。从面辅料的选择到最终成品的销售过程中，所涉及的工种繁多、工序亦复杂多变。因此，厘清具体的生产成本、减少误差，并采取合理的定价就显得至关重要。

实践证明，全面的企业预算管理有利于促进其整体战略目标的实现，同时形成强有力的核心竞争力。在市场经济条件下，产品的最高价值取决于市场需求，最低价值则是产品的生产成本。服装企业应当充分争取生产成本优势，以取得核心竞争力。当然，在瞬息万变的市场经济下，服装品牌的价格还受服装流行周期、竞争、供应需求、季节变换等因素影响。企业若想在市场中获得更大的利润空间，就必须精准掌控成本预算，紧握市场脉搏，建立企业独到的竞争优势，自如地掌控最高利润和最低利润，同时还需考虑同类产品的价格定位。

一、定价基础

服装品牌的定价基础来源于服装制作到最终销售完成过程中所耗费的所有成本。企业在实施价格定位策略之前，需要经过深思熟虑，在服装产品的价值基础上进行定价，并始终围绕供求关系上下波动。服装品牌的价格构成要素一般可分为"有形成本"和"无形成本"两大类，如图6-1所示。

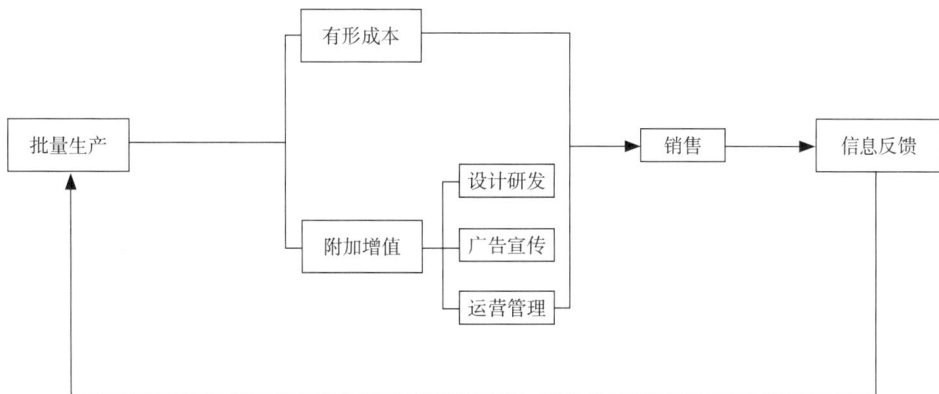

图6-1　服装产品成本图绘制

"有形成本"相较来说更容易使人理解，常见的如服装的面料成本、购买或租赁场地、完善设备机器、支付工人工资以及维持企业正常运营活动的费用、员工工资费用等，维持企业正常运营的费用又具体包括如物流运输包装费、文件处理费、各材料购买时所要支付的税项、行政费、维修费等。有形成本是服装品牌运作的前提，可当作企业运作的启动资金，在很大程度上决定着企业的发展规模。

"无形成本"就是附加增值，包括如产品设计研发费用、商品企划费用、市场调研费用、广告宣传费用、运营管理费用等，以此来增加产品的附加值，让消费者更青睐于品牌。

对于服装品牌来说，任何一项成本都应该维持在可控制范围内，并尽可能压低以换取更多的利润。以下是服装生产成本的具体分类所包含的内容。

（1）资讯费用：如差旅费、流行资讯费、前沿作品采购费、商品企划与市场调查费等；

（2）材料费：如打板用纸、配布、样衣正布、辅料等；

（3）人员工资：如设计人员、样板师、样衣工等；

（4）设备费用：如缝纫机、蒸汽熨斗等；

（5）办公费用：如房租水电费、设计用品、通信费等；

（6）广告宣传费用：如明星代言、海报设计与制作、多媒体投放费等；

总的来说，服装生产部门在计算每个单位的成衣生产成本时，需考虑到方方面面，以此来得出最为准确的有形成本，帮助企业更好地实施定价。

二、影响定价的因素

服装最终制定的价格受诸多因素影响，包括成本、品牌、档次、季节变换、市场竞争、流行周期等。我国春夏秋冬有着明显的季节变更，人们的服装也随着季节的交替而变换，尤其是冬装与夏装。若当季服装没有在适应的季节售卖掉，那么服装将会被积压近一年的时间，从而影响服装企业的资金运转，甚至因为时尚潮流的变化而降低预期效益。所以服装企业在应对季节性较强的冬装与夏装时，可以在销售的旺季适当提高售价，而在其淡季时，降低售价而减少库存，使服装总收益在平衡的基础上稍作改变。就国内大部分地区来说，一年之中夏装的销售时间是最长的，一般在4月份，夏季服装就会进入市场，直到9月份都会有延续。

受市场竞争的影响，各企业会抓住节假日对服装价格进行调整，最常见的方式就是打折、买赠和优惠券的形式，如图6-2所示。对于大部分消费者来说不管是何种形式，只要享受到实惠就足够了。其中值得注意的是，打折形式往往会给顾客造成东西不好卖或者是换季卖剩的观念，所以打折方式更适合换季清仓。而对于新品来说，现金券、买赠或其他方式销售效果会更好。一般来说优惠券更多的是诱导顾客进行购买，并不适合大面积地促销。假日优惠策略更多的是从顾客心理出发，诱导其进行购买。

每一个服装款式都有它自身的流行周期。纵观市场，流行周期越长的服装款式对开发企业来说承担的风险越小，反之如ZARA这类快销品牌，产品的流行周期越短，企业承担的风险就越大，所以需要考虑提高服装本身的附加值，尽可能在短时间内收回相应的资本，减少因服装过时滞销带来的运营风险。

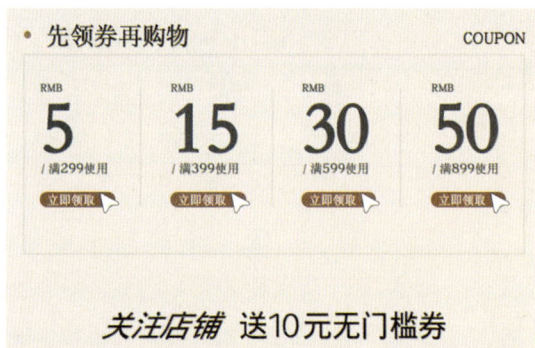

图6-2 线上店铺常见的电子优惠券形式

三、定价法则

（一）成本加成定价法

这是一种以生产成本为导向的定价方法，先有产品后定价。在已有的固定生产成本中加入各投资费以及期望目标利润。此定价方法简单易行，但是随着市场经济体制在我国逐渐形成，这种由生产导向定价的方法由于缺乏合理性而逐渐被淘汰。

（二）目标推算定价法

与成本加成定价法的推算方式相反，目标推算定价法是一种以市场为导向的定价方法。首先需要先设定目标群体可接受的价格范围，然后根据售价减去各投资费用，由此推算出单件成本价格。这样的定价方法有利于企业在可控成本范围内对产品的功能与性质做出适当的调整，合理采购材料。

无论是以何种方式定价，服装企业都应该做到灵活变通，在服装成本基础上，针对不同的品牌档次、不同的销售环节、不同的销售地区、不同的销售季节采取差异化定价，拒绝一味地死板定价销售，充分利用各种效应疏通服装商品销售渠道，促进服装销售。

第二节　营销模式

营销模式主要是指品牌为了产品利益最大化而在市场运作中的策略，是从产品生产到交易完成期间具有谋划的中介环节。它可以由品牌外部代理、经销商确立，也可通过品牌自身的营销业务部门，以及一系列独立的销售和服务网络组织共同制定。当前，在日趋成熟的买方市场中，企业越来越多地使用多渠道战略的概念，即品牌会选择不止一个途径来销售产品，多渠道战略伙伴所伴随的多渠道营销结构在某种意义上避免了因渠道单一而产生风险的现象。

多渠道销售策略能有效解决因渠道单一而产生的销售压力，有利于全方位提高销售总额。特别是在20世纪末出现的互联网电了商务，如今已成为每个企业的主要经营渠道之一。在指定营销模式前，企业需先设定短期或长期目标，以便制定具体的市场营销策略、按时完成营销计划，确保企业在运作过程中的资金流动顺畅，最终赢得丰厚利润。本节旨在结合传统与现代的多种营销途径进行不同的阐述，使读者对营销模式的概念有更清晰的认识。

一、线上营销

线上营销（Online Marketing），指的是把原本需要企业自己雇人实现的网络营销工作，以合同的方式委托给专业网络营销服务商，而网络营销外包服务商以互联网为平台，在深入分析企业现状、产品特点和行业特征的基础上，为企业量身定制个性化和高性价比的网络营销方案。相较于传统的实体店运作，线上营销有着一些线下营销所不具备的独特优势。

线上营销的最大优势在于低廉的运营成本和直观的视觉效果。由于现在实体店铺的转让费高、租金高，所以大部分创业者会考虑将线上虚拟营销模式作为营销手段之一，从而降低企业成本，线上店铺包括淘宝这类综合性的电子商务平台以及自己的独立网站。

线上营销能给企业留下大数据并有利于企业进行统计分析。线上营销的后台数据能让企业及时得到反馈，从而快速调整产品结构，提高服装企业的销售率。此外，虚拟的线上营销还打破了地域上的限制，顾客可以来自全球，潜在消费者难以计数。

当前常见的线上营销模式大致有三类：一是建立品牌自身的线上营销体系，进行产品陈列、介绍和销售；二是借助已有的互联网平台入驻销售，减少自身的营销成本；三是异军突起的跨境电商。

（一）建立品牌官方的线上营销体系

一个成熟的企业，其多方终端智能化系统一般包括四个方面：电脑网站＋手机网站＋企业微信公众平台＋App客户端，最终实现四位一体的统一管理，在综合后台可以同步管理所有客户端的数据信息，如图6-3～图6-5所示。

1.建立品牌官方网站

在创建品牌网站过程中，企业为了达到更好的效果，一般会找专业的技术人才或团队创建专业的官方网站作为对外的名片。

品牌官方网站一般包括首页展示、品牌介绍、产品系列、新闻动态、公司结构、售后服务等模块。创建品牌官方网站有利于树立全新的企业形象：对于一个企业而言，企业的品牌形象至关重要。特别是对于互联网技术高度发展的今天，大多数客户都是通过

图6-3 伯喜品牌官方网站

图6-4　手机网站

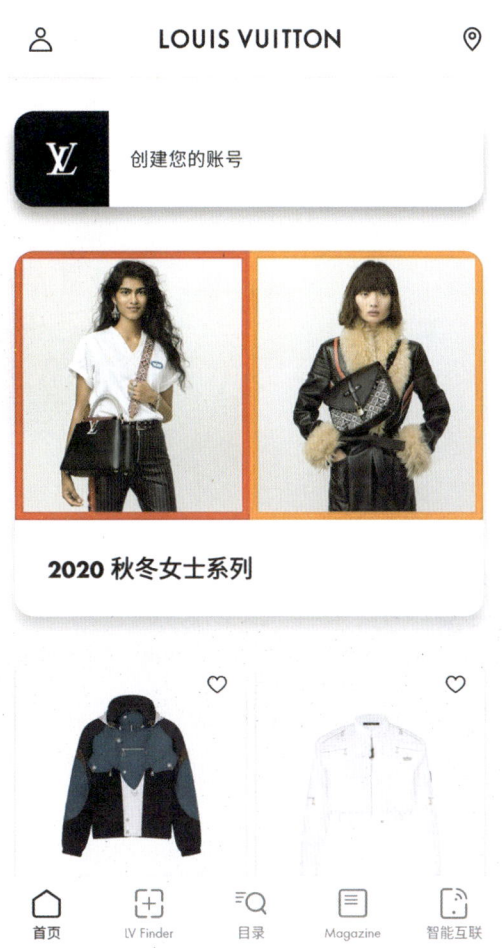

图6-5　企业 App

网络来了解企业产品、企业形象及企业实力。

因此，品牌官网的形象往往决定了客户对企业产品的信心，建立具有国际水准的网店能够极大地提升企业的整体形象。很多世界大牌都有对外的官方认证网站，如古驰、迪奥、路易威登以此来向大众展示企业的最新动态，如图6-6～图6-8所示。

2. 建立品牌微信公众号

微信公众平台可以方便企业与用户之间的互动，以及企业资讯和信息的及时推广。其中最值得注意的是，官方认证空间可以免费申请，如果有较高的视觉设计需求，可以请专业团队创建，或是聘请专业的视觉设计师进行专项维护，当然，这都取决于企业是否需要持续使用和维护该虚拟空间。

图6-6　古驰品牌官网

图6-7　迪奥品牌官网

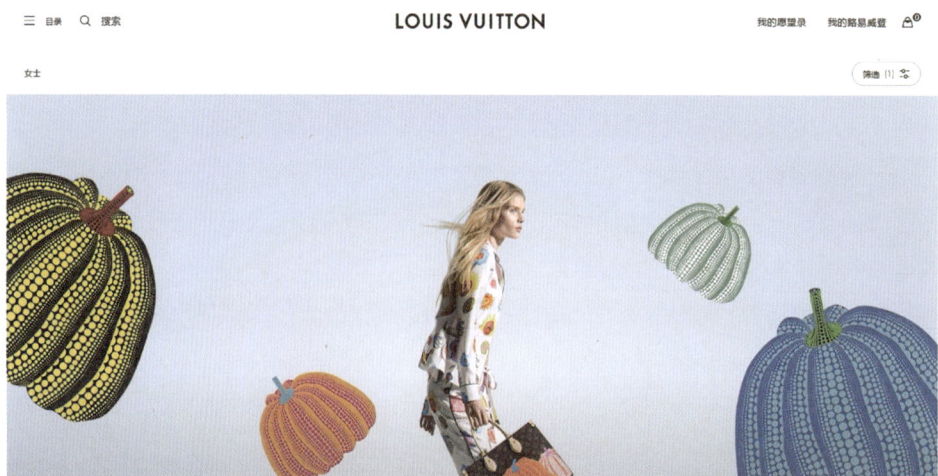

图6-8　路易威登品牌官网

（二）借助已有的互联网平台入驻销售

服装的网络商店，简称"网店"，是设立在第三方提供的电子商务平台上，服装的商家和买家通过发布互联网信息进行交易并通过邮政和快捷物流进行实物传递的一种服装营销方式。网店营销一般以零售居多，而且信息发布速度快、传播面广，深受年轻人和低价位消费群体的推崇。虽然网店的入驻和经营成本较实体店低得多，但是由于网店始终存在虚拟形式的局限及商家信用和店铺数量巨大的困惑，面对低价策略，会大大影响服装品牌的上货计划，因此导致网店上一般品牌或外贸折扣商品较多而原创新品、精品较少。在创建服装品牌初期，企业可以采取开设网店的形式，把握住电商给予的低门槛机会打开销售市场，寻得突破口。

除了以上常见的线上销售方式外，品牌方还可以通过微博与顾客互动，并邀请时尚达人或消费者对品牌服装的不同搭配进行点评等，通过微博可以建立起客户社交圈，并不断分享，交流，举办各类活动，以巩固原有客户关注度。

（三）异军突起的跨境电商——以希音为例

以ZARA快销品牌为代表的传统快时尚黄金时代已告一段落，基于互联网供应链的超快时尚仍在进行激烈角逐，如图6-9所示，其中希音（SheIn）无疑是最受瞩目的一匹黑马。尽管对中国消费者来说，这个来自中国的服装品牌或许很陌生，但国外的年轻一代早已被希音包围。据应用追踪公司App Annie（移动应用和数字内容时代数据分析和市场数据的行业领导者）数据显示，截至2021年5月17日，希音App是全球54个国家和地区中排名第一的苹果购物App（应用程序），并在13个国家和地区的安卓设备类别中排名第一，取代亚马逊网站成为美国苹果和安卓平台下载量最高的购物App，这无疑等于拿到了快时尚电商时代的门票。

当然，线上营销同样有着弊端。作为一个开放的虚拟空间，允许各方自由的评价，

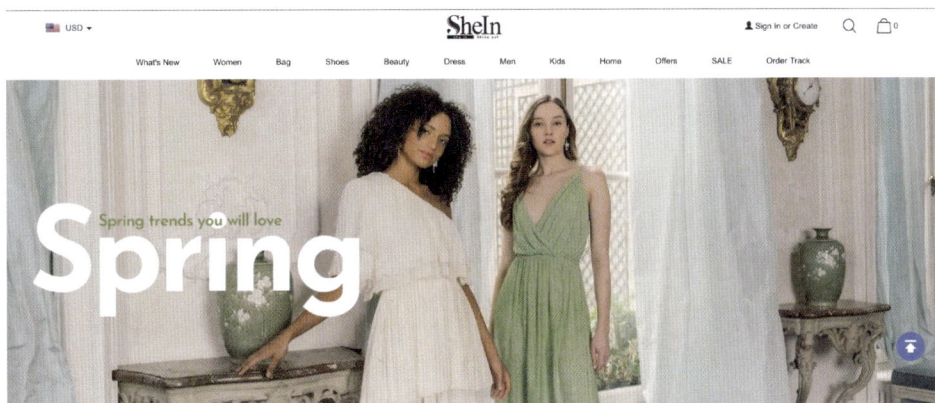

图6-9 希音官网页面

会出现不同的声音，即使自己做得再好，也有可能遇到恶意的攻击，这时候需要理性地进行危机公关。

互联网和移动技术的发展使营销活动面临着许多新的可能，在不同的营销部门如销售、沟通、市场研究和付款终端都可以看到移动技术的影子。我们也可以将互联网看成是一个互动营销的工具，通过互联网可以产生许多不同的服务互动。例如，通过提供电子邮件或者运营新媒体，互联网就变成了服务过程的一部分。其运营的好坏都会影响企业互动营销的效果，这就要求企业把自身看作是虚拟环境的互动参与者，如来自顾客的服务要求，也许只是一则留言，企业同样要答复，即使无法立即回答，至少也要在顾客可以接受的时间内予以回复，答复过慢或者不予回答都意味着互动无法继续，顾客的利益就会丧失，同时可能影响更多顾客的关注。

目前大多数的企业只将互联网用于沟通和销售，即在互动过程中企业旨在关注输出企业文化和产品的方向。但有效的互动营销应该是双向的，同时在网络环境中常见的并不是企业接触顾客，而是顾客或者是潜在顾客主动接触企业。如果这种接触能发展成企业和顾客服务过程中的互动，顾客关系就会产生。由于在网络上挑选服饰产品太过容易，所以要维持顾客对企业的兴趣和建立持续的业务关系，企业就要为这些顾客创造一种关系导向的服务互动。

二、线下营销

线下营销通常是指集生产和销售于一体的传统企业品牌运作模式。其运作模式可大致划分为"市场调研—设计开发—产品生产—制定营销模式—产品销售"五个步骤。以此模式为主要营销方向的服装公司大多为生产型企业，主营业务往往包含承接服装生产订单等，仅会配有少量的销售人员来销售自己生产的服装。随着企业的发展和越发激烈的市场竞争，企业开始不断研发和设计产品，创立自己的子品牌，同时建立网络营销模式，逐步发展成为一个集设计、生产、销售于一体的真正意义上的实体型现代服装企业。如今中国著名的杉杉服装公司、雅戈尔服装公司等江浙一带的大部分服装品牌企业都是以此类模式发展来的。

以实体运作为主的品牌企业，除具有品牌设计、品牌营销能力，以及一定的品牌知名度外，还当建立和扩展自身的服装加工厂，培养专业的服装加工制作人员、服装质量监控员等各类工种，往往需要一定时间的积累。

（一）服装品牌线下运作模式

从目前的经营状况来看，实体品牌运营出现了三种不同的发展方向。

第一种是由单一品牌产品向综合性服装服饰品牌的延伸。例如，浙江省的雅戈尔服装集团公司，2001年就与日本的晃晃水洗公司签约，建立了总投资额近千万元的水洗厂，主要从事服装面料的印染、水洗等，使雅戈尔服装集团进入服装业的上流产业。再比如迪奥、爱马仕等世界一流品牌如今都涉及珠宝、箱包、服饰、护肤品彩妆等多个领域，具有极丰富的商业版图，拥有连锁品牌效应。

第二种是完全自产自销的三合一模式。这一模式为了扩大市场占有率，满足市场需求，基本转向了服装品牌的设计和生产能力，以品牌建设为主。这类企业有可能最终转变为第一类品牌经营模式，即放弃中间的生产环节，专注于产品设计和品牌经营的综合运作模式。如此便于运作模式的简化及易于管理，所承担的原料、生产风险也会相应减少。当下常见的如服装设计工作室，或是以售卖"设计"与"思想"为主的服装相关公司多与此模式有关。

第三种发展方向是放弃品牌经营，专注于服装品牌的生产加工。这类企业有较强的服装生产制作能力，而在服装品牌的开发设计、宣传销售方面或是资金运转方面实力不足，最终放弃了品牌经营，一心一意从事服装加工业，如承接国外知名品牌的服装制作订单等。这类企业以后可能演变为品牌服装的定点加工企业，在服装的生产加工领域谋求利润。但是随着中国人力酬劳的不断上涨，中国企业在这方面的竞争优势逐渐下滑，因此常常见到世界大牌企业将加工厂的设立点转至于劳动力成本更低的印度、非洲等地区的相关报道。

（二）服装品牌常见的线下营销模式

对于早期的服装品牌来说，线下营销的主要目的是产品的销售，而当今不少服装品牌则更侧重于线下店铺的宣传作用。常见的服装品牌线下营销模式有以高溢价为目的的百货商场营销、以宣传目的为主的快闪店营销、以打造知名度和扩充市场为目的的连锁店营销，以及清库存为主的品牌折扣店营销。

1. 百货商场营销

百货商场是零售消费的主要卖场，服装服饰类店铺在商场中通常占有很大比重，商品类别则包括服装、化妆品、箱包、饰品等。总体来说，百货商店的服装零售表现为品牌的高档化和品牌的集约化。随着百货商店的日渐积淀，商场也自行生成一系列营销策略以吸引顾客光顾，如在商场中心举办各类表演、节假日商场的大促销等，从某方面来说，百货商场本身也在为入驻的品牌提供系列推广与营销服务，如图6-10所示。

2. 品牌快闪店营销

诸多服装品牌都有各自的快闪营销玩法，这一行为的背后原因各异，或为其品牌IP形象造势，或为其品牌跨界联名宣传，或为其新季新品造势，但最终目的都是与更多年轻消费者达成全方位的深度联结、提升品牌知名度。无论是独立品牌快闪店还是品牌联名快闪店，都具备了三大特性：时效性、活动性及体验升级，想要玩转"快闪"更离不开"创意""内容"和"颜值"。

以博柏利品牌为例，2022年博柏利从其特色产品Lola萝纳包中撷取灵感，在杭州湖滨银泰创意性地打造了全球独家的7米高巨型学院风

图6-10　某百货商场效果图（图片源于Pinterest）

Lola萝纳包装置。该全新限时精品店以品牌的经典米色打造，外边亮泽金色的链条沿包身垂至地面，巧妙延伸成长座椅。快闪店的内墙壁采用Lola萝纳包标志性的绗缝设计，并将解构链条元素运用在展桌细节上，为参观者缔造一个妙趣横生的探索空间，并展现该服装品牌的标志性包袋的设计元素，如图6-11所示。

此外，店内还甄选Lola萝纳水桶包、相机包、购物袋、学院风斜背包、柔软拉链包、双肩包等多元款式，如图6-12所示。

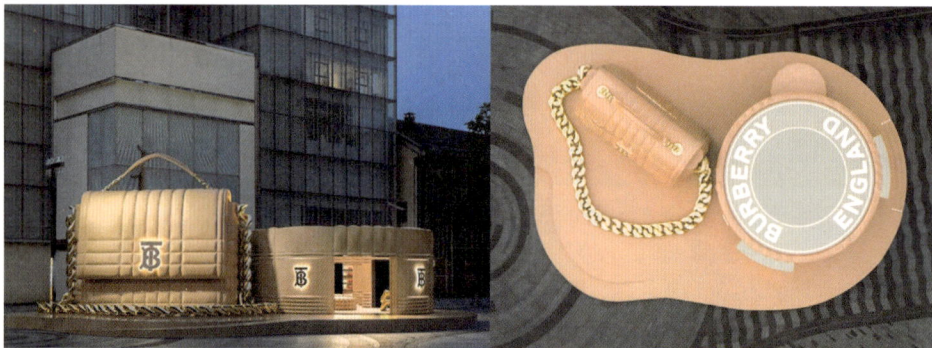

图6-11　博柏利杭州湖滨银泰快闪店（图片源于微信公众号）

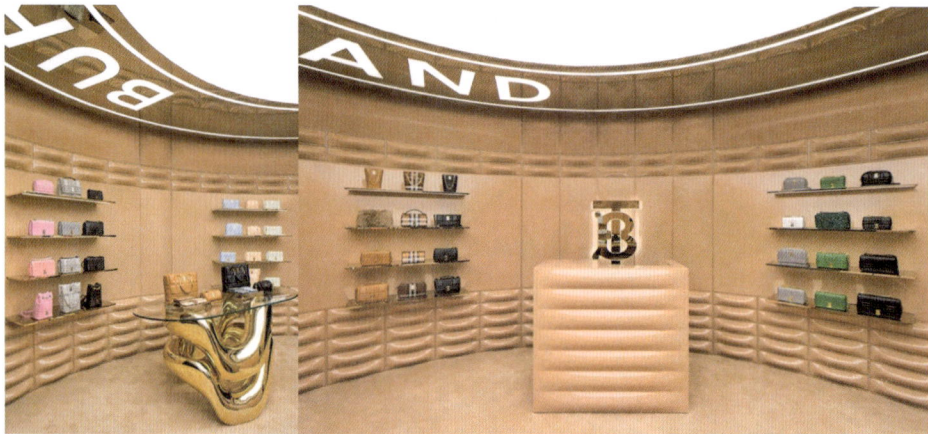

图6-12　博柏利杭州湖滨银泰快闪店内部装饰实拍（图片源于微信公众号）

3. 品牌连锁店营销

服装品牌连锁专卖店是指由品牌企业授权的区域代理商或经销商统一管理、专营同一品牌服装的零售商店群体。服装品牌专卖店实行的是统一进货、统一商号、统一管理的标准化经营管理模式，在不同区域的专卖店其店名标志均相同、经营商品种类相同、店面风格和商品陈列方式相同，服装价格、促销活动、广告宣传和售后服务也相同。

此类模式最大的优势在于统一管理，可以高效地同步整个品牌所有门店的货源，及时更新新品，同时也能最大程度地保证货品质量的一致性，消费者往往也会更加信赖服装品牌的直营店，如图6-13、图6-14所示。

图6-13 路易威登成都远洋太古里店1（图片源于官方微博）

图6-14 路易威登成都远洋太古里店2（图片源于官方微博）

4. 品牌折扣店营销

服装品牌折扣店是以过季或销售情况不理想的服装产品为主体，价格会普遍低于原始标价，旨在为消费者提供自选"物有所值"商品的线下零售形式。常见的品牌折扣店选址有"奥特莱斯"和"比斯特购物村"等，均由多个品牌的折扣店聚落而成，如图6-15~图6-18所示。

品牌折扣店的基本特征是服装产品品种多、款式数量多、过季款式多、缺色断码多和特体服装多等。折扣店相较于一般线下店来说，场地较大，店内装潢较百货中心或是品牌直营店来说会略显单调，从形式上来看，像是仓储式销售到零售业的转化，且此类

图6-15 上海青浦奥特莱斯购物中心实拍图1

图6-16 上海青浦奥特莱斯购物中心实拍图2

图6-17 苏州比斯特购物村实拍图1

图6-18 苏州比斯特购物村实拍图2

店铺选址离市区较远，往往还会伴随"度假""旅游"等性质，从而吸引本地及周边城市的消费者。

第三节 客户服务体系

对于大多数企业来说，在现代商品市场中想要依靠单纯的有形产品或核心服务，已无法建立持久的竞争优势。我国企业的市场运作观逐渐固化，尤其是服装这类传统的制造企业想要在市场份额中拔得头筹，应尽量避免将大量资源分配在单一服务和有形的产品竞争上。企业决策者应把目光从有形产品的生产中转向制订系统性价值生成的方案，其中就包含了有形产品以及具有成熟体系的服务系统。当下企业之间的竞争趋势逐渐偏向于综合实力的竞争，而不是仅靠有形产品或是单一的服务，企业要想取得竞争优势就必须要有服务观，即以"服务逻辑"来管理企业。

一、客户服务概念

如今，人们所谈及的"服务"这一词语，仍然是过时的定义。原因很简单，从一开始服务就作为一个产业被看待。这种观念极具误导性，它将服务作为一个部门来看待，而不是一种能在竞争中创造价值和优势的策略来看待，因此也就忽略了企业在生产售卖产品时包含的隐性服务。据统计，在绝大多数制造业中，真正被用于生产产品的资源只有20%左右，剩下的大多数都是服务成本。

在生产有形产品的过程中，无论是作为一个整体还是其中的组成部分，其所能提供的信息、设计、物流和其他专业性的服务都是不可或缺的，并且大多数的制造商都将其计入产品的总成本中。虽然企业采取的策划各不相同，但是无论是分包转让还是自己制造，这些服务无疑是增加了产品的价值，并且能够为制造商提供竞争优势，这些服务统称为"隐性服务"（Hidden Services），与有形产品一样，能够促进GNP以及就业率的增长。但许多企业有意无意地忽略了这一点，更有甚者千方百计地榨取其中的价值。

从深度剖析来看，顾客所购买的不再是单一的产品或服务，而是想要得到产品或者服务带来的利益。顾客用货币来换取他们所需要的资源，比如有形产品、服务、技术支持等，在将这些资源进行组合的时候则是价值生成的过程。只有当顾客自发地认为他们所购买的产品，及其对应的服务能为自身带来价值，那企业所生产的这些产品或提供的相应服务才是真正具有价值的。因此，价值是由消费者创造的，而不是企业，企业所能做的是通过建立客户服务体系，帮助顾客更好地认识和发现品牌的价值。

对于服装制造业来讲，产品中的服务成本主要包括如下几项：产前成本，如市场研究与开发、服装制造过程中的成本、质量控制、安全控制和生产器械维修等；销售阶段的成本，如物流、网络销售、广告投放与信息咨询等；使用和消费阶段的成本，如店内折扣信息、当季服装的相关信息、软件升级和票据签发等；使用和消费后的成本，如退换货服务、电话及网络客户服务以及废旧衣物的回收再利用等。这里所说的服务并不仅仅是指体现在账面上的服务(Billable Services)，服务项目渗透在服装产品生产销售的每个流程细节中，而在这些服务项目中隐藏着许多隐性服务，包括售后服务中如何处理顾客的咨询与抱怨、结算业务和在日常销售中更新商品信息等。服饰产品售卖前后对服务失误的补救，对顾客抱怨处理得及时和有效，对提高顾客的忠诚度、避免客源流失，无疑都具有十分重要的意义，所以，企业在建立竞争优势的过程中应当格外注意这些隐性服务的落实。

二、客户资源与关系建立

企业与顾客总会有千丝万缕的联系，我们追求企业与顾客的理想关系是企业培养顾客，在潜移默化中建立顾客对企业的忠诚度，同时顾客信任企业，愿意与企业共同成长，与企业保持长期互惠互利的关系。但事实上，并不是所有的顾客都愿意与企业建立长期的关系，同样，关系策略对于企业来讲也并不是一个最佳策略，只有在双方都有建立关系的意愿的情况下，关系策略才会奏效。

任何一次服务接触都是一次交互的过程，无论是在线上通过电邮联系，还是线下面对面的交流，在这个过程中要么是服务人员与顾客亲自接触，为其提供服务（通常发生在实体店内的交流），要么是为顾客提供相应的信息或是服务方案来满足顾客的需求（通常发生在线上的交流）。即使是一次最简单的服务接触，都包含了服务人员与顾客之间的互动关系，这一系列服务接触的结果是顾客通过服务人员提供的服务与其背后的企业建立起某种关系。如果顾客在与服务人员接触的过程中，感到这种服务是特别的而且是有价值的，顾客就会产生与这个企业建立起长期合作的愿望，虽然这个愿望不代表顾客就该对企业忠诚，但这是建立顾客忠诚度的关键一步，也是企业获利最基本的保证。

在这种背景下，代替传统营销观念的关系营销应运而生。按照关系营销理论，企业和顾客的关系是一种互动关系，而不是一种交易或者交换关系。如今越来越多的企业注重与客户之间建立线上联系，比如电话反馈沟通、微信新品发布与温馨提示、邮箱活动提醒等形式。

对不同的产业、不同的服务和不同的产品，同一位顾客或企业用户可能会有不同的兴趣。所以，在特定的市场环境下，顾客往往处于"关系状态"（也可称为准备交易状态），或"直接交易状态"。当一些顾客在线上浏览某一种服装类商品，将商品添加至购物车而并未付款下单时，即可称为"关系状态"；在顾客几经对比之下下单更加适合的商品，便转入为"直接交易状态"了。

企业在实施关系营销的时候，最基本的举措是去了解顾客的核心需求，并将其完美地纳入产品或服务中去。顾客的需求总体上可分为三种：第一是信任需求，主要表现为依赖于服务提供者，对企业忠诚信任；第二是社交需求，主要表现为客户倾向于与员工熟悉进而建立社交关系；第三是特殊待遇，该客户群主要追求的是能够享受特殊服务或者是比其他顾客优先接受服务，特殊的价格、定制的服装或带有个人身份标识的装饰品。当然在特定的情况下，可能还会存在特殊的关系需求。

在关系营销的概念下，关系的形成与维护是一个动态的过程，货币、服务、信息与货物的交易是有时间限制的，而关系不受时间限制。关系是永远存在的，即使企业与顾客之间没有发生交易，但二者之间的关系依然存在，也就是说，顾客虽然没有接收到企业所提供的服务，但作为顾客的身份依旧没有变，依旧是公司最重要的资源。所以，顾客与企业的关系是一个连续且不间断的状态，无论他们是否购买了企业产品，他们都应该是关系的另一端，都应该尽可能地受到企业的足够重视。

此外，还需要重视的是，顾客满意程度与忠诚度之间的关系是正相关关系，但不一定是线性相关关系。调查研究表明，顾客在消费过程中存在一个"质量不敏感区"，即顾客的忠诚度在一定范围内会停滞不前，直到顾客的满意程度突破了某一个上限之后才会飞速上升。实际上，一些宣称满意的顾客的重复购买率，与宣称感觉一般的顾客一样很低，只有那些感到非常满意的顾客才会表现出极高的重复购买率，并乐于为企业传播好口碑。

因此，想让顾客不断地从企业购买产品，仅仅达到满意程度是远远不够的，必须使顾客非常满意，使其感到购物过程与购物结果都十分愉悦，才能强化顾客的忠诚度，以提高顾客的重复购买率。然而在现实中，企业通常将这两类顾客混合在一起，并称为"满意和非常满意的顾客"，正确的做法应该是在对顾客满意度调查的时候，将非常满意的顾客与满意的顾客分开，因为这两类顾客的重复购买率、对企业的评价是截然不同的，只有那些对产品和服务持非常满意态度的顾客，才会是企业所追求和大力发展的忠诚客户。

三、客户服务管理手段

大多数企业的一个误区是"为顾客提供完美的服务质量是不存在的"，所以在服务过程中存在一点错误和失误是可以容忍的、可以被接受的。但实际上，几乎所有和人民生命、财产安全相关的项目是必须要求做到"0"失误的。假设一个吞吐量有上百架飞机的机场，其默许的服务质量在99%左右，后果则是在每一百架起落的飞机中，就会有一架飞机在起落过程中出现失误，换而言之，这架飞机上乘客的性命和财产是可以被抛弃的，而这可以被接受吗？

说到底，企业认为能够提供的服务过于复杂而不可能达到完美，这种想法只不过是为自己的懒惰找借口。确实，要想实现完美的服务质量要投入大量的资源与深入的研究，但这并不代表完美的服务质量无法实现。

从长期发展的角度来看，改进质量失败的症结是质量管理的方法，质量改进不是一种规划，也并非是一场企业改革运动，而是一种持续发展的改进工作。企业各个部门中的人员都必须重视质量的改进，并实时掌握质量改进的流程。质量改进以及与此相关的管理工作，对企业来说是一种战略性的活动，应该得到高层管理人员的持续支持和关注，应及时做好顾客对服务期望方面的调研，并调整相应的策略，必要的时候还要制定合理的标准，对工作人员进行考核，比如对销售人员的服务进行在线或当场评价。

总的来说，当企业的服务质量高于顾客的期望值时，顾客会对企业产生认同感，从而使消费关系得以延续，建立长期的往来。相反，如果企业的服务质量并不能满足顾客对企业的期望，那么顾客与企业建立长期合作的欲望则会大大降低，不利于企业的长远发展。

此外，对企业而言，最忌讳的是先给顾客一个高于期望的服务，然后又回到原来一般的服务水平，再者就是服务项目毫无变通，千篇一律。顾客在消费选择时，特别是服装类的长期生活用品，会对品牌有持续记忆性，单次的服务经历会成为下一次接受服务的期望。单次服务质量的提升会使顾客对下次的期望值上升，若顾客的期望得不到相应的满足，那么顾客绝不会像最开始那样被"感动"。因此，为顾客提供过高质量的服务，会使顾客期望值提升，即使企业能够长久地提升服务质量，顾客也会逐渐习惯于这种服务质量的提升过程，这就要求企业必须时刻努力，让顾客始终处于"受刺激"的状态。在服务水平受限于资源无法提升的情况下，稍微为顾客准备点惊喜，也会提升顾客对企业的忠诚度。

四、高质量的客户服务

在当下，越来越多的企业会注重完善服务领域，这无疑加剧了服务的竞争态势，不过，仍有不少企业对此犹豫不决，害怕质量改进的努力无法得到应有的回报，认为顾客只会在乎产品价格，对于企业的服务改进无动于衷，这种想法对于某些顾客来说的确是事实，但放眼全局，这必是谬论。

高服务质量不一定需要高成本，但低服务质量必然会以高成本为代价。调查研究表明，在大部分的传统服装制造行业中，有将近35%的成本是由于服务质量低下，导致企业重复工作和改正错误的支出。市场是复杂的，对服务质量的把控远比对服装产品质量的把控要困难得多。因此，改进服务质量、建立顾客导向、对员工进行培训的花费有助于减少不必要的花费，思考如何潜移默化地去影响顾客，以一种舒适的方式，让顾客感受到高质量的服务给他们带来的好处，认可接受更好的服务需要更高的成本，并愿意用更高的价格来交换更好的服务。

服装品牌的服装设计在整个交易环节中仅仅是一个开始，在此之后所有的服务营销，都应该落实以顾客为导向的战略思想，这种改进很容易引起市场上的连锁反应，从而顺利地推出全新项目，更有力地争夺新客户，使企业在价格竞争中取得更大的优势。高端市场或者是奢侈品市场的顾客，通常会希望自己能够得到独一无二、面面俱到的服务；而对于普通消费水平的顾客来说，高品质的服务通常意味着高昂的价格，这类客户群体由于自身经济水平的限制，更想要通过低廉的价格享受相应的服务。因此，企业在提供服务的过程中应该根据自身品牌定位讲究一个适度原则，根据目标客户的类型来制定服务项目。

企业提供的服务通常能够分为三个层次，分别为核心服务、便利服务、支持服务。服装品牌的核心在于为顾客提供多彩的设计，为了使顾客能够享受到核心服务，必须同时提供一些与之配套的设施，如果没有便利服务，核心服务就没有办法消费。比如，顾客在付费的时候，可以选择不同的付费方式，如果选用支付宝付费，则需要店铺提供付费二维码，如果选择刷卡消费，则需要店铺提供Pos机。同时，商铺内应当划分休息区以供顾客休息，对于消费总额较大的VIP客户，店铺内应提供相应的茶水点心甚至是独立休息室，给顾客以宾至如归的感觉，如图6-19所示。

图6-19　路易威登品牌的VIP休息室实拍（图片源于Pinterest）

支持服务作为附加服务的一种，不同于便利服务，支持服务注重能够增加服务价值。有时，便利服务与支持服务之间的具体显现不会存在明显差异，但是对于企业高层设计者来讲，正确的区分二者非常重要。便利服务与核心服务一样，在企业提供服务的过程中必不可少，面对不同的客户群体，需要在支持服务中做出不同的安排，使服装产品能够更完美地契合顾客需求。店铺内服务提供得到位与否，在很大程度上决定了顾客是否产生消费行为。

如今，越来越多的商家进驻到服装市场中，为了保持竞争力和持续竞争的优势，无论是B2B还是B2C市场，企业都必须重新审视自己的定位，将自己转型成一个服务企业。这里说的服务企业，不只是单纯地让企业关注售后服务，而是要求企业按照以顾客为导向的服务逻辑，来重新设计和组织服务流程。这种变革会牵扯到管理模式、组织结构和运营方式等各个方面，当然，改革可能会增加额外的成本，但从长期来看，以服务方式来运营企业，必然能够获得更高的利润。

本章小结

1. 服装产品的价格定位直接决定了服装品牌的营销策划的制定方向，同时指明了品牌用户群体和品牌定位，是营销策划中看似简单却大有门道的重要环节。

2. 在服装品牌的创立与运作中，最重要的就是营销模式的制订与探索，对服装品牌后续的运作工作建设具有根本性的指导意义。

3. 如果说价格定制和营销模式是为了打开市场，获得客户群体，那么企业的客户服务体系就是为了企业的长期运作和客户群体的不断壮大而诞生的。

思考题

1. 在进行服装产品的价格定位时应考虑哪些方面？

2. 简述企业客户服务体系的制定目的和意义。

3. 请在学习完本章节后，选择一个现有的服装品牌进行营销策划模拟。

第七章
服装品牌运作的管理战略

课题名称：服装品牌运作的管理战略

课题内容：国际市场格局下的服装品牌趋势

服装品牌运作的管理准则

可持续发展下的服装品牌运作策略

课题时间：8课时

教学目的：通过服装品牌运作的管理战略内容的学习，使学生具有市场预判能力、企业管理能力、国际化视野，以及可持续发展的思维。

教学方式：1.教师PPT讲解基础理论知识，并根据教材内容及学生的具体情况灵活制定课程内容。

2.加强基础理论教学，重视课后知识点巩固，并安排必要的练习作业。

教学要求：要求学生进一步了解品牌运作和战略决策的部署过程，并对自主调研的服装品牌并进行PPT汇报。

课前（后）准备：1.课前预习本章节，并了解服装品牌管理战略的具体案例。

2.课后针对所学知识点进行反复思考和巩固。

市场唯一不变的是永远在变化，服装品牌运作的管理战略也往往围绕市场规律呈周期性波动。20世纪90年代初，中国纺织总会（今中国纺织工业联合会）提出了"建设中国服装品牌工程"这一概念，至此，我国大大小小的服装企业都逐步迈向了品牌化的道路。

运作服装品牌不同于贩卖服装商品。服装品牌的运作和管理不仅要求打造有益的闭环生态，还特别需要做到将品牌理念物化和商品化，将品牌的附加价值具象化，借此拥有自己的生态内循环。中国早期的服装品牌管理，往往利用低价位优势来竞争，希望通过销量来占据市场，赢得消费者的青睐。尽管这种运作模式在当时而言无可厚非，但从今天来看，如何使服装品牌产品在具有使用价值的同时，成为兼具价值观表达和社会传播力的载体，是21世纪每个企业在制订服装品牌运作的管理战略时，都应当思考的问题。

出色的服装品牌在运作时不仅需要不断完善自身的内部架构，还需结合所处位置的政治周期和经济周期进行全方位的综合考量。这就要求品牌的管理战略需要时刻围绕如何更好地打造品牌形象、增强品牌的文化软实力开展。特别是在互联网发展如此蓬勃的大环境下，社会评价和公众形象俨然成了企业生死的重要命脉。因此，只有具备足够多维度的思考，才能在变化的市场中顺应变化，在百年未有之大变局中抓住机遇，让服装品牌得以长远发展。

第一节　国际市场格局下的服装品牌趋势

"中国一定要坚持改革开放，这是解决中国问题的希望。"这是邓小平同志的坚定信念，如果想在国际上取得话语权，让国家快速发展，成为真正的大国，就必须要融入世界，具有国际视野和全球格局。

打造出色的服装品牌也是如此。"知己知彼，百战不殆"的道理早在《孙子·谋攻》中就已阐释。想要在全球众多的服装品牌中脱颖而出，就必须要主动地参与进去，去了解和接近那些已经发展成熟的企业，去观察和学习先进的管理战术和运作思维，才能对整个国际市场有更清晰的认识，才能在关键时刻发现市场所存在的空缺，预判市场未来的走向。

一、对于服装品牌宏观走势的正确判断

市场环境在不断变化，服装品牌的发展趋势自然也处于变化之中，就像唯物辩证法

中强调的"事物是绝对运动和相对静止的统一",这一点毋庸置疑。由于新中国早期的劳动力成本低、劳动力密集程度高和工业基础薄弱等国情,直接决定了当时发达国家劳动密集型行业和高污染行业资本向中国流入的必然性,这也就是为什么20世纪的中国纺织服装行业会迅速崛起,成为公认的"世界工厂",如图7-1所示。

图7-1 服装加工工厂实拍

第一次工业革命的伟大成果极大地提高了纺织行业的生产效率,之后全球纺织业共经历了五轮大迁移。

(1)19世纪下半叶至20世纪初,纺纱机、蒸汽机等的发明促使英国成为世界制造业中心。随后,德国开始取代英国成为世界制造中心。

(2)20世纪30至50年代,第二次工业革命在美国兴起,美国取代德国成为全球制造中心。但随着"二战"结束,部分劳动密集型产业向日本、德国转移。

(3)20世纪50至70年代,日本经济得到了快速发展后,在20世纪70年代末,纺织等加工行业向人力资源更为丰富、成本更低廉的中国香港、中国台湾、新加坡、韩国转移。

(4)20世纪70至90年代,中国香港、中国台湾、新加坡、韩国承接产业转移之后,经济腾飞,于是在20世纪90年代末,低端制造业转移至中国大陆地区。

(5)20世纪90年代至21世纪初,特别是在第三次金融危机之后,随着中国改革开放取得了显著成果,中国经济高速发展,人力成本飞速上升,直接引起劳动密集型行业的再次转移。直到2010年,第5次转移初步形成,如图7-2所示。

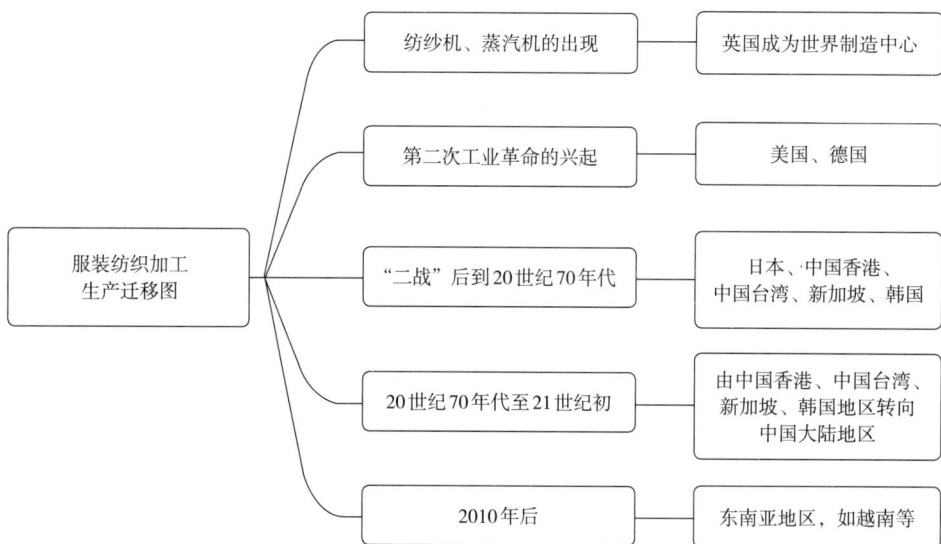

图7-2　服装纺织加工生产迁移图

资本的走向与当地经济发展、劳动力成本和贸易环境的变化密不可分。彼时的基本国情决定了当时的国内纺织服装行业只能从事最低端的原材料供应和加工生产。在"一五"时期（第一个五年计划，1953至1957年），中国号召广大纺织职工努力生产、积累资金，走上了自力更生的道路，卓有成效。在"二五"时期（第二个五年计划，1958至1962年），我国的棉纱产量跃居世界第二，再往后便稳居世界第一。当时的措施能够有效地提升经济、发展轻工业且带动就业，但也带来了不小的环境污染。显然，以当时的各种条件，我国的服装企业并不具备开展服装品牌化运作的条件，只适合对外出口。

随着国情、市场环境等的变化，如今，中国本土的服装品牌化运作已成为不可逆的趋势。在中国经济高速发展的势头下，居民的人均可支配收入几十年来呈指数级增长，国人的衣食住行的消费占比也逐日增高。在这种环境下，加速对本土服装品牌化的打造是必然的，特别是在中国互联网经济的引导下，越来越多的中国居民能够了解并接受本土服装品牌。此外，近年来我国提出的一系列思政引导，如文化自信、文化自觉和文化自强等，都无疑加速了居民的消费方向向本土品牌转移。以上这些都直接或间接地将中国本土服装品牌化运作推向良好的走势。

在面向年轻的消费群体中，近年来国内的知名服装品牌有伯喜、英克斯（INXX）、你好熊猫（HIPANDA）、DEFINE X和古由卡（GUUKA）等；在男装领域知名度高的，如速写、海澜之家、七匹狼和GXG等；在女装领域，如例外、哥弟、玛丝菲尔、妖精的口袋和歌莉娅等都比较受欢迎；还有一些驰名海外的中国服装品牌，如波司登、李宁、安踏和太平鸟等，如图7-3～图7-8所示。

图7-3 伯喜品牌宣传图（图片源于官网）

图7-4 你好熊猫品牌宣传图（图片源于官网）

图7-5 波司登羽绒服品牌宣传图（图片源于官网）

图7-6 妖精的口袋品牌宣传图（图片源于官方公众号）

图7-7 太平鸟品牌宣传图（图片源于官网）

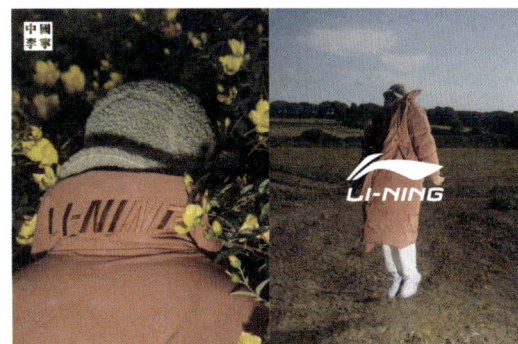

图7-8 李宁品牌宣传图（图片源于官网）

二、关注国际与国内消费品经济风向

自2019年以来，全球的经济环境都面临着前所未有的挑战，尤其对于实体经济来说，更是遭遇了重创，面对这一时期的消费态度转变，服装品牌更应当加强关注。要想在经济全球化的当下，对消费品经济风向有清晰准确的宏观判断，那就必须要了解国际与国内居民的真实消费水平和消费倾向，以及当下社会环境中的服装品牌动向。

（一）不确定性警示

2020年以来，很多商店暂时关闭，或限制营业时间与容量。苹果公司在2021年12月暂时关闭了纽约市的所有商店，首尔和东京时装周更是因此而宣布取消；梅西百货在2022年1月，暂时缩短其所有门店的营业时间；拥有4700多家分店的沃尔玛在2022年12月暂时关闭了近60家商店；高端百货Saks Fifth Avenue（萨克斯第五大道精品百货店）在《纽约邮报》中提到，圣诞节日期间进店的顾客比以往少了很多。根据零售业人流追踪机构Springboard的数据，2021年12月的商店访问量与11月比虽然有所上升，但仍比2019年的水平低30%。在圣诞和元旦假期后，几家时装公司推迟员工返回办公室的时间。如美国PVH（Philips-Van-Heusen）集团发言人称该集团在元旦后几周才要求员工返回办公室。

对时尚行业而言，2021年9月在纽约、伦敦、米兰和巴黎举行众多实体时装秀似乎预示着回归常态，然而新的变化让彼时即将到来的国际时装周重新陷入不确定性中。英国时装协会已经取消原定于2022年1月举办的伦敦时装周，改为在2022年2月、6月和9月举办三场活动，同时发布女装和男装系列。2022年9月推出线上和线下结合的形式。

2022年米兰时装周和巴黎时装周则按计划举行，普拉达、杰尼亚（Zegna）等品牌如约在1月14日至18日举行的米兰时装周展示新系列。意大利奢侈品牌乔治·阿玛尼则于2022年1月突然宣布取消在米兰举办的时装秀，以及在巴黎举办的女装秀。值得关注的是，2020年乔治·阿玛尼也取消了时装秀，后于2021年5月才恢复有现场观众的时装秀。

面对反复无常的突发情况，不少服装企业开始思考如何采取措施以应对未来可能发生的变化。以时装周为例，原有的线下时装秀不再成为唯一的新品展示形式，诸如博柏利、迪奥等一众大牌，都开始积极探索向数字化转型，以应对任何可能的实体营销冲击，就连中国大学生国际时装周也开始了这一举措，如图7-9所示。

（二）消费者行为风向

对于大多数消费者而言，要说在近年来消费逻辑方面发生了哪些改变，那最明显的莫过于从"品牌至上"向"产品至上"转变了，国际环境的多种不确定性因素直接抑制了多数人的冲动消费行为，消费者变得更加理智。多数消费者在购买时都"货比三家"，更加理性地思考自己的消费方式和消费方向，这是一种好的消费变化，是消费决策成熟化的体现，即消费者在消费过程中，花费较多的时间、精力在选品牌、甄别商品类型上，而不是侧重于最终的交易环节。

图7-9　2022中国国际大学生时装周线上秀

百度搜索大数据显示，美妆消费者在每周约搜索14次与美妆相关的内容，每周平均观看22次美妆种草内容和教程攻略，这一数据较先前而言有了明显的增长，因此，大多数消费者观看的目的是在不断地查询和观看中"种草"真正适合自己的产品，只买对的，不买贵的。选择教育类产品也是如此，不仅是家长给孩子选，年轻人给自己购买职业类课程也是慎之又慎。

随着新消费的不断发展和消费群体的年轻化升级，消费决策可能会进一步实现成熟化发展，理性消费增多，对产品质量和产品实际效用的要求也会提高。那么，企业想要稳定自身在市场中的地位，俘获消费者的喜爱，必须要积极进行供给侧结构性改革。只有实现自身产品的升级和创新，才能更加贴合消费者的实际需求。否则，再强大的企业，也会因为市场消费群体的逐渐流失，而难以支撑自身的发展，走向亏损甚至破产的地步。

同时，长期有效的产品体验消费心理正逐步取代获取短期满足的快感，即消费者在消费时会更加考虑消费行为中可能潜在的"个人投资"。"消费"和"投资"的概念是经济学在消费者行为学上的套用，对用户来说，"消费"更加注重短期满足和性价比，"投资"更加注重长期效用和产品体验，二者的用户决策模型也不一样。显然，当大多数用户把一个产品在心理上看作"个人投资"后，这个产品便具有"金融属性"。

（三）虚拟数字行业的异军突起

Roblox游戏的创始人David Baszucki为元宇宙定义了八个要素，分别是身份、朋友、沉浸感、随地、多元化、低延迟、经济系统和文明。Meta创始人扎克伯格也曾表示："元宇宙是个跨越许多公司甚至整个科技行业的愿景，你可以把它看作移动互联网的继任者。"它可能会推动实体经济和数字经济加速融合，带来新的商业模式和产业关系，在"元宇宙"和"虚拟货币"的冲击下，虚拟产品开始更多地进入了人们的视野。

对服装领域而言，不确定因素直接加速了服装行业的数字化进程，这也预示着人们在服装领域的消费品从此多了虚拟服装的这一选项。其实早在2009年，Johanna Jaskowska就发布了世界上第一件数字高级定制服装，从根本上改变了人们与周围世界互动的方式，只是一直没能遇到一个合适的爆发契机。

目前，已确认和Meta合作的时装品牌有普拉达、连卡佛（Thom Browne）等，这些品牌的数字时装价格将在2.99美元到8.99美元之间，通常来说只占了实体产品原价的百分之一至千分之一，但消费者却能通过这种方式获得同样的品牌参与感和体验感，同时，虚拟服装的优势在于可持续留存，不用考虑实物的损耗问题，如图7-10~图7-12所示。

图7-10　虚拟服装展示1（图片源于Pinterest）

图7-11　虚拟服装展示2（图片源于Pinterest）

图7-12　虚拟服装展示3（图片源于Pinterest）

第二节　服装品牌运作的管理准则

服装品牌运作的管理是集品牌理念、设计思想和企业发展策略为一体的战略决策。不同于一般的品牌运作，服装品牌的决策者不仅要做好上层管理战略推演，还需要对服装品牌设计和生产中的每个过程都具有一定的了解，以确保品牌整体的良性发展。

服装品牌运作管理的最大艺术性在于平衡，这需要决策者综合考虑服装产品的开发计划、品牌运作的人才梯度结构和品牌设计进度等。随着企业竞争的加剧，企业更需要对各个部门有清晰的认识，如每个部门的生产成本是否得到科学的控制、对企业贡献得多与少、部门之间如何协作等。另外，如何采取有效机制进行内部奖励，如何寻找到问题的根源，如何提出应对措施，这些都需要决策者在调研的基础上斟酌考虑，找到平衡。

不断变化的市场提醒着决策者需要时刻具备灵活的思维，在进行品牌运作的决策时，不能只根据当下的环境特点来判断，需要具有前瞻性思维。决策的判断依据也有很多，如国际环境的异动、发展主要矛盾的改变、不同时期政府不同的政策导向以及互联网视域下经济形势的变化等。

一、巧在借力，构建体系

"尚巧善变"作为中国特色的武学理念之一，它蕴含着以小胜大、以弱胜强的智慧。所谓"四两拨千斤"便是这一理念的典例，旨在借助巧力，不以拙力胜人的能力。对于一个品牌来说，尤其是在创业初期，企业的生态链相对单薄的时候，学会借用巧力运作，往往能达到能事半功倍的效果。

出色的品牌一定会构建成熟的体系。当一群人围绕着一个主题做事时，其内部必然会存在一定的秩序，秩序衔接着不同的部分，最终形成一个庞大的系统，所谓"国家机器"就是衔接着无数个子系统的大系统，服装品牌更不例外。服装企业的体系需要从设计生态、研发生态、营销管理生态等多方面综合考量。

（一）落在实处的设计生态

设计理念对设计起着根本性的指导作用，有什么样的设计理念就会有什么样的设计效果，正确的设计理念能助力成功，错误的设计理念将导致设计的失败。如今，绝大多数通过不同形式接受过专业培训的设计师，初入企业时，设计出的产品常常不能很好地和市场接轨，经常出现无法批量生产或是市场反应不佳的情况。因此，企业内部非常有必要建立自己的设计生态系统，如图7-13所示。

成衣设计是整个企业生产大循环中的一个关键环节，同时也是一个需要多方参与的过程，这不仅要求设计师具备良好的合作精神，更需要企业内部制定部门间有效的沟通交流机制，如图7-14所示。

成衣最终是要由机械设备和技术制作出来、由成品来体现的，"服装是做出来的，不是画出来的"，这强调了服装

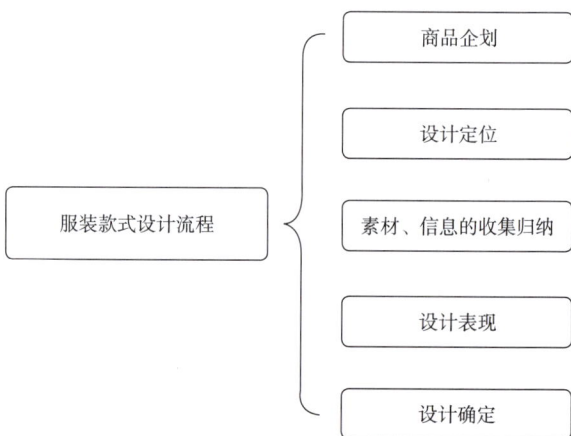

图7-13　服装款式设计流程

的本质特征。设计师与工艺技术人员沟通的缺乏，会导致工艺技术人员不能正确领会设计师的设计意图，或者由于技术或设备的问题等，导致设计图根本无法制作完成，这就必须要求设计师强化市场观念。成衣的设计形式是多样的，有彩色效果图表现、线描款式图表现、口授设计、综合拼凑设计、二次修改设计和模仿设计（拷贝修正设计）等，无论采用哪种设计形式，设计制作出的服装成品才能得到市场的"宠爱"。

同时，设计的良性发展离不开企业自身建立的统一设计原则，即必须要考虑设计的前提：在什么时间穿（Time）、在何种场合穿（Place）、穿着的对象是谁（Who）以及穿着的目的（Objective）。这四个原则不仅阐述了设计的思考角度，同时也在实用层面直击了设计的核心目的。

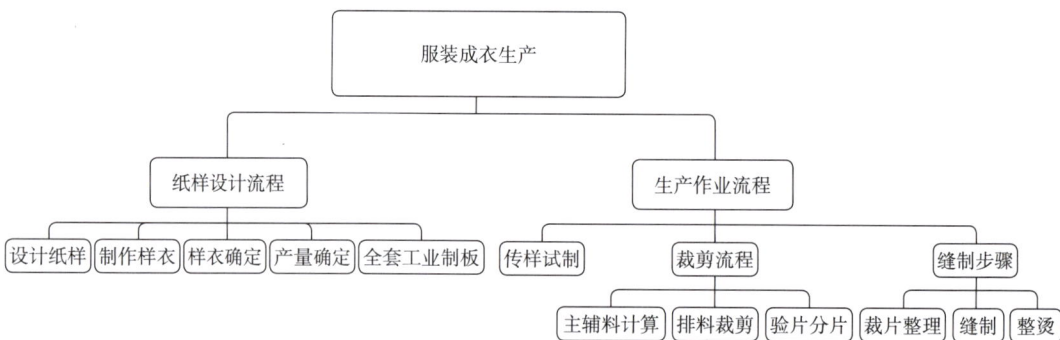

图7-14　成衣生产流程

（二）建立最优的研发生态

在服装行业严重同质化的当下，如何在满足消费者需求的同时又形成品牌自身不可替代的核心优势，已成为企业进行研发生产时十分重要的问题。

1. 清晰的设计定位是服装产品研发的奠基石

服装定位的划分依据是多元的。例如，以性别定位，有男装、女装、中性装；以年龄段定位，有童装、学生装、青年装、中年装、老年装等；以服装性质定位，有休闲装、正装、职业装、礼服、时装等；以消费层次定位，有针对高收入阶层的高价成衣定位、对中高收入阶层的中高价成衣定位、对一般工薪阶层的中低价定位等；以销售区域定位，有外销出口和内销之分，外销又分欧洲、美洲和东亚地区等，内销如销往东北、华北、华南、江南、中原地区等。

在确立了设计的目标群体后，企业还需对自身的产品在市场中的定位有清晰的认识，如图7-15、图7-16所示。研发团队需要进行充分的市场调研，如成衣市场的定价依据、同类产品的竞争对手状况、产品流行周期和主流的推广平台等。在明确了目标市场后，初步投放并及时接受市场反馈后，逐步调整产品的相应参数，最终适应市场。

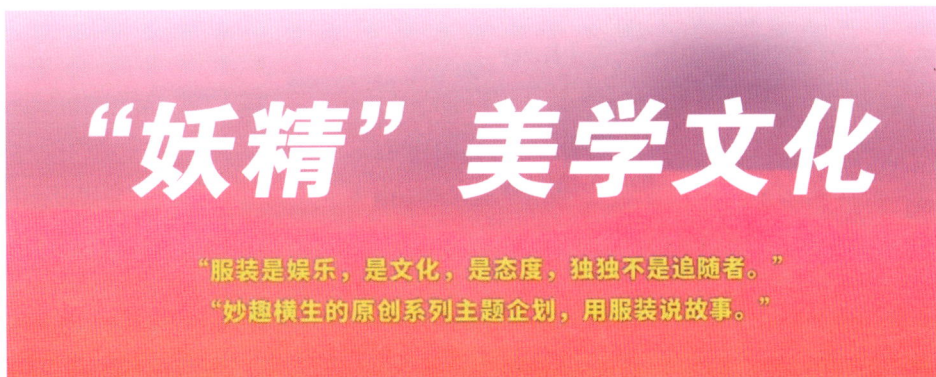

图7-15　妖精的口袋品牌设计理念（图片源于官方公众号）

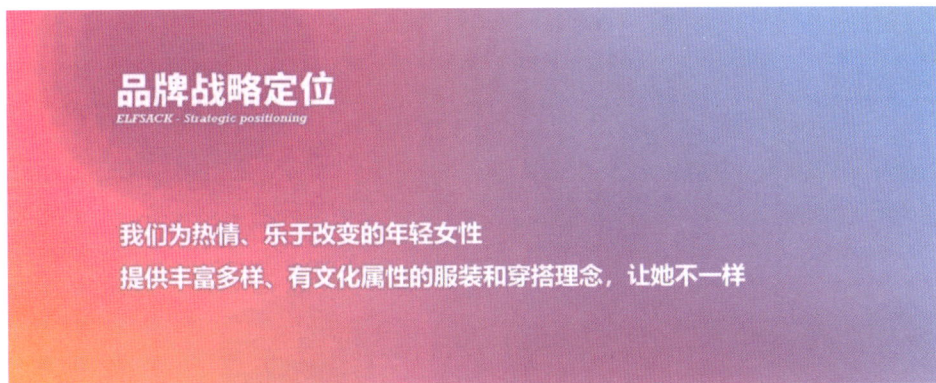

图7-16　妖精的口袋品牌设计定位（图片源于官方公众号）

2. 敏锐的行业判断是建立最优研发生态不可或缺的风向标

在确立了清晰的服装产品设计定位后，企业还须密切关注服装的流行趋势，具体如服装的款式、流行的色彩、新潮的面料和丰富的工艺款式等。从广义上说，美具有时代性，因此，服装的美同样具有时代性，这既是服装设计的基本原则，也是现代人选购成衣最主要的参考指标之一。好的设计无疑是设计师抓住了时代审美共性后得出的产物，换言之，抓住了时代审美的共性也就是抓住了服装的流行。在产品的前期的研发过程中，企业的产品研发团队若是对时尚和流行趋势反应迟钝，那由此产生的后果也会在企业的经济运行中尽数体现。这就要求成衣设计的研发团队需要利用一切可用的因素，把握住服装的流行趋势，尽可能地设计出具有时代感的成衣。

在做出研发判断前，需要广泛发挥流行趋势，抓住流行重点，从色彩、造型装饰上做一系列设计以迎合消费者追求时尚的服饰心理，同时需要注意饰品、配件的合理应用与搭配，饰品、配件的辅助作用，能达到特殊的效果，提高商品的价值。同时，手工艺技术的应用也是具有参考意义的，如手工绣花、手工扎染、手工蜡染和手工编结等，都可以应用到成衣设计中，使成衣具有装饰的艺术效果，激发消费者的购买欲。另外，还需注重新材料的开发设计，成衣市场中有很多款式都非常需要富有新鲜感的材料来刺激消费，如保暖材料的内衣和外衣、绿色再生服装材料的应用、高弹材料的运动装设计等，这类新材料的开发可从多方面着手，不一定只局限于服装主料，其他辅料也能设计应用，如图7-17所示。

图7-17　服装面料创意设计（图片源于Pinterest）

总之，对成衣设计多一些理性的思考，一定程度上能提高成衣的销售量。当然，做出研发判断时还有许多细节上的配合也需注意，如季节的不同、地区的不同、经济条件的不同等。由于消费者自身诸多因素的不同，都将直接影响消费者的需求，使消费者对服装的色彩、造型、材料的要求也各有所异。设计师要清醒地认识到：成衣设计是一种开放性的工作，是一种以市场为准则的工作，成衣设计绝不能闭门造车，也不能只以自己的主观判断来行事，一定要"从市场中来，到市场中去"。

3. 最优的研发生态离不开最精准的成本控制

对于服装品牌来说，服装成本的竞争是至关重要的。服装不同于家电或是其他日用品，满足消费者心理上的需求往往大于服装的实用意义本身。高额的推广费用和库存压力迫使服装品牌不得不在不降低自身产品质量的情况下，尽可能地缩减各流程所需成本。高额的成本通常也意味着企业管理水平的低下，它会不自觉地让企业在行业竞争中处于劣势，这就要求研发团队在设计成衣和开发成衣过程中，时刻要有服装成本观念，尽可能地把成本因素贯穿在设计行为中，以此来为企业争取最大的让步空间，在面对无数竞争者时掌握主动权。

（三）闭环的营销生态

改革开放后，中国凭借大量的劳动力、廉价的劳动成本以及相对成熟的手工业基础，作为劳动密集型产品出口大国，积累了大量原始财富。特别是在21世纪后，在世界贸易组织（WTO）和多种纤维协定（MFA协定）的双重利好下，中国纺织行业一骑绝尘，2015年纺织品和成衣的出口份额，中国在全球市场分别占有37.8%和39.5%，同时承担了全球70%的合成纤维生产，从宏观角度，可以看作中国几十年来的积淀打通了服装纺织行业的外部循环。

随着经济的高速发展，原先的经济结构和发展模式已经适应不了当前"人民日益增长的美好生活需要和不平衡不充分的发展之间的矛盾"这一主要矛盾，原先通过廉价生产成本来竞争的模式已无法持续依赖，资本也必然会向劳动力成本更低廉、发展更落后的东南亚转移。中国经济模式迫切面临改革，因此，在2015年国家层面提出了供给侧结构性改革这一战略思想，其根本目的就是希望摆脱原先单一的商品出口，转而要求提升产品的质量和科技含量，充分利用庞大的国内市场，建好中国的经济内循环。

上至国家层面如此，下映射到服装品牌亦是如此，管理的智慧在于平衡，企业也需要平衡，转型也不是要求完全的摒弃，而在于适当取舍，调整权重。

二、顺应大势，抓住机会

马克思在《资本论》中写道："现在的社会不是坚实的结晶体，而是一个能够变化且经常处于变化过程中的集体。"只有顺应大势、兼容并蓄才能抓住机会、不断进步，才能让文明得以延续。

（一）成衣工艺的起源与发展

能否制造工具，是区分人与动物的重要标志之一，同样，服装加工工具的进步，促进了成衣工艺的发展。尽管人类在14世纪发明了铜针，但直到18世纪末，成衣工具仍处于原始阶段，工艺方式也一直是手工操作；19世纪初，欧洲资本主义近代工业兴起，英国人托马斯·逊特发明了手摇链式线迹缝纫机；19世纪30年代，法国人巴特勒米·西蒙纳制造了第一台有实用价值的链式线迹缝纫机；英国人艾萨特·美里特·胜家兄弟设计了转速达600r/min的全金属锁式线迹缝纫机。制作设备的进步，使人们制作服装已由纯粹的手工操作发展到了使用人力的机械操作。直到19世纪末，电动机驱动的缝纫机问世，人们由此开始进行机械高速化、自动化及专门化的研究。

20世纪40年代起，缝纫机的转速已由300r/min提高到10000r/min以上，1965年，美国胜家公司发明了自动切线装置，使缝纫效率提高了20%左右。此后，世界各大缝纫机制造商都致力于研究各种缝纫机的自动切线装置，以及缝针自动定针等省力化机种。20世纪20年代初，日本重机株式会社、美国格伯公司和意大利内基公司等分别制造了数控（NC）工业缝纫机，这类缝纫机可以使缝制工序程序化标准化，如图7-18所示。

图7-18　现代工业缝纫机

如今，缝制服装的机种类型多种多样，不同的器械可以满足不同的加工需求。仅常见的服装加工工具和设备就达4000多种，主要加工器械包含如单缝机、链缝机、包缝机、刺绣机、锁眼机、钉扣机、打结机等缝纫机械；辅助加工器械包含如打褶机、拔裆机、黏衬机、适用各种部件的熨烫机和成品熨烫机等熨烫机械；在面料裁剪方面也有相应的如摊铺机、电动裁布机、模板冲压机等裁剪机械。

随着高科技产品的开发与利用，特别是计算机在服装工业中的广泛应用，如计算机自动算料、推板、排料、剪切系统，布料的色差疵点分辨系统，缝制功能的计算机控制系统，将复杂工序组合成由单一机种完成的特殊机种等。这些都将大量用于服装的生产过程之中，成衣的生产在各个方面得到了空前的发展。

（二）我国成衣的行业现状

中华人民共和国成立以来，我国成衣业大体经历了两个阶段：从中华人民共和国成立初期到1978年，服装企业采用手工和半机械化手段进行生产，产品以内销为主，这段时期内的成衣化水平很低，出口服装品种少、档次低；1978年后，我国实行了改革开放政策，使服装工业也发生了巨大变化，服装工业的发展逐步纳入依靠科学技术进步的轨道，使服装工业的科技水平上了一个新台阶。服装工业已经形成国有、民营、股份和中外合资与合作等多种经济成分并存，以大中型企业为骨干、小企业为主要力量的状态。同时，建成了集生产、教育、科研、信息配套于一体的服装工业体系，中国服装行业正走向国际加工和自主设计生产并重的新阶段。

在刚刚结束的"十三五"期间［《中华人民共和国国民经济和社会发展第十三个五年规划纲要（2016～2020年）》］，我国纺织行业用能结构的优化效果持续显著。从数据来看，纺织行业的二次能源占比达到72.5%，能源利用效率稳步提升，万元产值综合能耗下降25.5%。自2016年以来，共有251种绿色设计产品、91家绿色工厂、10家绿色供应链企业、11家绿色设计示范企业被工业和信息化部列入绿色制造体系建设名单，"全生命周期"绿色化管理正在加速融入纺织产业链体系。同时，中国纺织服装企业社会责任管理体系（CSC9000T）的维度和内涵不断拓展，已经开始覆盖国内企业在海外投资的工厂。

整体来看，我国纺织工业的绝大部分指标已达到甚至领先于世界先进水平，并建立起全世界最为完备的现代纺织制造产业体系。生产制造能力与国际贸易规模长期居于世界首位，是我国制造业进入强国阵列第一梯队的决定性因素。

在我国的国家标准化管理委员会官网上，可以清晰了解服装行业各类产品的强制性标准和推荐性标准等。如在GB/T 41565—2022中，我国对服装廓型的判断标准做出了量化；在GB/T 38134—2019中，按照GB/T 1.1—2009的规则给出了最新的关于职业服装通用技术规范标准等。

GB/T 1565—2022以量化廓型标准为例，旨在利用服装二维的部位尺寸关系来判断三维的服装穿着廓型，针对不同的服装品类，依据不同服装廓型的判定阈值，完成服装廓型的判定。这不仅有利于服装标准化生产，方便消费者选择合适的服装廓型，规范服装市场的秩序，同时也为服装廓型设计的标准化提供了价值性参考。大量的数据验证表明本文件提出的服装廓型判定方法可行性较强，成熟度较高，推广应用性强，如表7-1所示。

表7-1　服装廓型的判定方法

单位：厘米

服装品类		A型	V型	X型	H型	T型	S型	O型
T恤衫		$D_{hc} \geq 16$	$D_{hc} \leq -8$	$D_{cw} \geq 8$且$D_{hw} \geq 12$	$D_{cw} < 8$且$D_{hw} < 12$	$D_{st} \geq 8$	—	—
衬衫		$D_{hc} \geq 16$	$D_{hc} \leq -8$	$D_{cw} \geq 8$且$D_{hw} \geq 12$	$D_{cw} < 8$且$D_{hw} < 12$	$D_{st} \geq 8$	—	$D_{cw} \leq 0$且$D_{hw} \leq -8$ 或 $D_{bh} \geq 8$
单夹服装	短	$D_{hc} \geq 16$	$D_{hc} \leq -12$	$D_{cw} \geq 10$且$D_{hw} \geq 12$	$D_{cw} < 10$且$D_{hw} < 12$	$D_{st} \geq 8$	—	$D_{cw} \leq 0$且$D_{hw} \leq -8$
	长	$D_{hc} \geq 30$ 或 $0 \leq D_{cw} < 12$ 且 $D_{hw} \geq D_{cw}+20$	—	$12 \leq D_{hc} \leq 32$且$D_{hw} \geq D_{hc}+20$	$D_{hc} < 30$或$0 \leq D_{cw} < 12$且$D_{hw} \leq D_{cw}+20$	$D_{st} \geq 8$	—	$D_{bh} \geq 8$
大衣、羽绒服		$D_{hc} \geq 16$	$D_{hc} \leq -12$	$12 \leq D_{hc} \leq 32$且$D_{hw} \geq D_{hc}+20$	$D_{hc} < 30$或$0 \leq D_{cw} < 12$且$D_{hw} \leq D_{cw}+20$	$D_{st} \geq 8$	—	$D_{bh} \geq 8$
西装		—	$D_{hc} \leq -8$	$12 \leq D_{hc} < 32$且$D_{hw} \geq D_{hc}+20$	$D_{hc} < 30$或$0 \leq D_{cw} < 12$且$D_{hw} \leq D_{cw}+20$	—	—	—
西裤		—	$6 \leq D_{kpc} \leq 12$	—	$-2 < D_{kpc} < 6$ （$W_{pc} \approx 0.25H$）	—	—	—
休闲裤、牛仔裤		$D_{tpc} \leq 0$ （$W_{pc} \geq 0.3H$）	$6 \leq D_{kpc} \leq 12$	$D_{kpc} \leq -2$ （$W_k \leq 0.25H$）	$-2 < D_{kpc} < 6$ （$W_{pc} \approx 0.25H$）	—	—	—
连衣裙		$D_{hc} < 30$且$0 \leq D_{cw} < 12$且$D_{hw} \geq D_{cw}+20$	—	—	$D_{hc} \geq 30$且$0 \leq D_{cw} \leq 12$且$D_{hw} \leq D_{cw}+20$	$D_{st} \geq 8$且$D_{bh} \leq 16$	$12 \leq D_{cw} \leq 32$且$16 \leq D_{bw} \leq 36$	$D_{cw} \leq 8$且$D_{bh} \geq 12$
裙装		$D_{bh} \leq -14$	—	$D_{bk} \geq 8$且$D_{hk} \leq 14$	$-12 < D_{bh} < 14$	—	—	$D_{bh} \geq 14$

注　W_{pc}代表裤口围，W_k代表膝围，H代表臀围。

（三）互联网视域下服装业的发展

随着互联网技术的日新月异，互联网的形式也在潜移默化地发生转变，并不断地深入人们的生活，如图7-19所示。从Web1.0到Web3.0，互联网的每一次革命，似乎都能为线上销售带来无尽的狂欢，造就一方英雄。

如果把Web1.0看作一个群雄并起、逐鹿网络的时代，其主要的盈利模式就在于获取流量点击，曾做出巨大贡献的有Netscape、Yahoo以及Google等搜索引擎，通过建立大规模商用浏览器的方式被人们熟知，除网站本身可通过点击率获利外，不少企业也会和网页服务器进行合作，开展付费的广告投放等，以展示自身优势，提高知名度，带动销量。

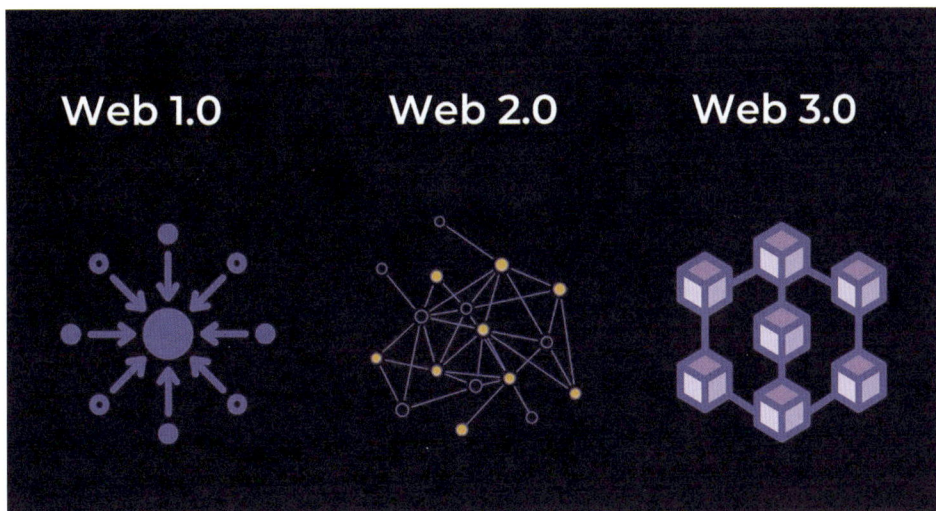

图7-19　互联网模式迭代图

相对于Web1.0的服务器主导模式，Web2.0的宗旨则是由用户本身来主导互联网产品。Web2.0的概念始于2004年的一场头脑风暴论坛，当时的舆论风向认为互联网泡沫趋于破裂，但互联网先驱OReilly和Dale Doughertyz一致认为互联网不仅远没有"崩溃"，甚至比以往更重要，二人通过研究泡沫破裂的公司之间的相同点，最终得出了Web2.0的概念，即更注重用户的交互作用，用户既是网站内容的浏览者，也是网站内容的制造者；在模式上由单纯的"读"向"写"以及"共同建设"发展；由被动地接受互联网信息向主动创造互联网信息发展，从而更加人性化。这一突破性的变革，直接催生出了博客（Blogging）和维基百科（Wiki）等以用户创造内容为指导思想的互联网巨头，而tag技术则更是为用户的个性化内容添砖加瓦。此后，无数的用户开始在互联网社交平台上分享自己的生活，与此同时，通过用户介绍产品来带动销量的模式开始蠢蠢欲动。不同于先前传统明星代言的推广模式，无数领域的"博主"和"达人"，向公众时刻分享鲜活的生活经历，获得了不少互联网用户的信赖，比明星更具有说服力。KOC（关键意见消费者）的出现也为时尚行业带来生机，尤其是一些处于创立之初的服装品牌，他们不需要支付KOL（关键意见领袖）的高额推广费用，也能在市场上得到不少的回应。

如果说Web1.0的本质是联合，Web2.0的本质是互动，那么Web3.0则是为用户带来更为个性化、更具互动性和更深入的互联网服务机制。从2010年开始，垂直网站进入Web3.0时代，它更加彻底地站在用户角度，注重多渠道阅读、本地化内容；用户间应用体验的分享；应用拉动营销，用户口碑拉动营销，将一个个独立的应用自成一家，拥有自己的闭环生态。用户的应用体验与分享，对网站流量和产品营销具有决定性作用，移动互联网和垂直网络实现有效对接，不是对接内容，而是用户体验和分享层面。同时，垂直网站将与B2C实现对接，从而实现产品数据库查询、体验、购买、分享等整个过程的一体化。

具体到服装行业来说，如有许多的时尚博主在社交平台上通过分享自己日常生活的同时，向粉丝介绍自己着手建立的服装品牌，并向粉丝征集意见，待款式拟定后，产品则采用预售制销售，这样一来，既避免了服装的库存压力，又省去了传统模式中除生产成本外的一切费用。再比如说当下十分新颖的"元宇宙"概念所产的虚拟数字时装行业，不少的设计师能在平台上发布自己设计的虚拟时装并进行出售，这些无不体现了Web3.0更大的包容性，以及更突出的商业价值。

（四）成衣市场需紧跟绿色环保趋势

行业不是一个孤独的个体，它需要有这样或那样有形或无形的手来推动发展和规范，于整个市场而言如此，于独立的企业本身如此，于设计师亦如此。

跨入21世纪，资源消耗、气候变化和环境恶化已成为不得不引起全人类重视的共同问题，在此背景下，可持续发展和开发清洁能源成为时代的主题。中国服装企业要走向世界，必须获得国际市场的绿卡，必须达到ISO 14000系列标准（即为国际贸易中的环境标准）。

近些年，我国服装界虽然在企业机制、市场营销模式、品牌拓展理念等方面有了长足的进步，但服装产品的环保意识还较薄弱，从而制约了我国服装发展的速度，阻碍其竞争水平的提高。由于进入国际市场的服装纺织品必须贴上"环保标签"，因此，服装企业要适应全球形势的需要，除了从理念上更新，还要进行从材料资源到设计、制作、消费、处置等绿色系统的规划。否则，企业效益及其发展前途将受到影响。例如，浙江省一家服装厂曾遭美方退货，退货原因为拉链的镍含量超标，造成的直接经济损失达100多万美元。由此可见，中国服装要走向国际市场，生态标准十分重要。

我国早在2000年6月就制订了"绿色环境标志"服装的标准和技术规范，到2021年6月下旬，中国纺织工业联合会更是发布了《纺织行业"十四五"发展纲要》（以下简称《纲要》）。《纲要》提出按照"创新驱动的科技产业、文化引领的时尚产业、责任导向的绿色产业"发展方向，要求持续深化产业结构调整与转型升级，加大科技创新和人才培养力度，建成若干世界级先进纺织产业集群，形成一批知名跨国企业集团和有国际影响力的绿色纺织服装品牌。

不仅是国家战略层面需求，服装消费者可持续发展意识的提升也正迫使服装行业的不断进步。据时尚商业快讯，波士顿咨询公司和法国奢侈品协会 Comité Colbert 在日前联合发布的《2022年奢侈品展望：作为负责任的先锋前进》中，对40名奢侈品公司高管以及法国、德国、英国、意大利、西班牙、瑞士和美国的2000名奢侈品客户和非客户进行了研究访问。权威的受访高管包括香奈儿时装部门总裁的 Bruno Pavlovsky、卡地亚 CEO Cyrille Vignero、梵克雅宝 CEO Nicolas Bos、爱马仕钟表业务的总裁 Guillaume de Seynes 等。该报告认为未来奢侈品行业的机会来源五个方面，分别是生产和资源、产品生命周期、客户关系、服装企业责任和全球化发展。调查结果显示，超过66%的消费者认为服装奢侈品的本质是可持续的，65%的消费者在做出购买决定时会考虑奢侈品公司对可持续发展的承诺；更是有多达80%的受访者认为奢侈品公司对产品的整个生命周期负有责任，不仅仅是生产和销售的过程，更包括了维修服务、产品的升级服务和回收旧产品中的环境保护等。因此，有理由认为，服装行业的绿色化发展是从行业到消费者都认为应当支持的事情。

在推进服装行业的绿色发展的进程中，专业院校在进行设计教育时也负有一定责任。在西方一些老牌的设计名校中，特别是关于产品的部分，企业与院校往往都有非常密切的联系。当院校提出一些超前的设计概念或人文理念后，企业往往会结合自己对市场的判断来进行选择性跟进。

对于服装而言，特别是在服装的面料改造方面，院校对于艺术追求的纯粹性通常能为市场带来革命性发展，如图7-20、图7-21所示。比如近年来欧洲国家为了应对工业化导致的环境问题，开始注重植物纤维面料的研究以及废弃面料的二次重构，并希望最终能代替从石油提取纤维的原始方式或者能循环利用已有资源，以减轻环境的负担，这些想法一旦能找到靠谱的途径大批量生产，那么其所带来的影响毫无疑问是颠覆性的。

相较于欧美服装设计教育中"校企合作"的这一方面，或者是对鼓励学生从设计源头上发掘设计的可能性（如面料）等，目前国内的服装艺术教育中都是有所欠缺的，需要向更科学、高效、更有利于学生发展的方向不断努力。

图7-20　伦敦中央圣·马丁学院服装专业毕业生的生物塑料材质作品1（图片源于Pinterest）

图7-21　伦敦中央圣·马丁学院服装专业毕业生的生物塑料材质作品2（图片源于Pinterest）

第三节　可持续发展下的服装品牌运作策略

服装品牌的可持续发展运作旨在通过建立最优的企业机制、建立最有效的营销模式，通过内部机制的完善来推动企业的持续发展与自我革新。企业管理与发展是一项事业，是一项复杂而系统的工程，而绝不仅仅是做好某类产品，更不是几类产品开发的简单累加。在企业运营与发展时，最关键的是掌握管理之道，或者说管理之规律，企业应当树立一盘棋意识，用普遍联系的观点规划管理模式的顶层设计，统筹兼顾地推动发展。

　　站在服装企业的角度，品牌的根本目的还是逐利。服装品牌所需要追求的可持续发展也要回归到生存层面，要围绕产品生产、广告宣传、员工培训和内部机制建立并完善自身的可持续发展体系。

一、产品品质与广告宣传要做到最好

　　卡尔·马克思指出商品具有价值和使用价值两个基本属性，商品的使用价值也就是劳动产品的物质组成部分和形式，如果撇开不谈，那么就会直观地感受到整个商品的属性会消失。映射到服装品牌也是一样，如果不注重商品本身的品质，那么即使添加再多的商业噱头，制造再多的品牌溢价，在消费者眼中都将是不值一提的。

　　同样，商业价值的实现离不开社会传播。从最早的简易文字招贴宣传开始，到如今多媒体、多平台、多表现形式的广告，社会传播形式发生了翻天覆地的变化。一个好的广告宣传策划，一定是非常适应当下且能够吸引消费者的，特别是当广告本身变成一种传播力时，即使没有投入大量的多平台推广费用，广告也会传播开来，届时，服装品牌的宣传效果自然水到渠成了。

（一）时刻把握消费心理

　　从人类生活的四项基本需要"衣、食、住、行"，就可看出服装巨大的市场需求。如今的人们早已摆脱了原先"衣护体形式"的单一需求（在部分极限运动的场景下除外），消费者在选择产品时，更多会从装饰人体和美化人体的角度出发，因此，了解消费者的诉求尤为重要。

　　"趋异心理"是日常生活中普遍存在的一种消费心理，通俗来说就是对陈旧的东西产生厌倦和审美疲劳，而对新鲜的事物兴趣浓厚，这种消费观在服装领域尤为突出。正如克里斯汀·迪奥（Christian Dior）所说："流行是按一种愿望开展的，当你厌倦时就会改变它。"而皮尔·卡丹（Pierre Cardin）对于时装流行的说法则更为透彻："时装就是推陈出新，这是自然界永恒的法则。树木每年脱去枯叶，人也要脱去使其感到厌倦的旧装。当一些款式的衣物成为司空见惯的东西时，人们就会产生审美疲劳的心理，甚至开始厌倦旧装。流行装使人免受单调乏味之苦，人们愿意相互给予美好的穿着印象，所以将自己呈现出漂亮的衣着和良好的精神面貌，这正是人们的一种心理需求。"许多的奢侈品品牌正是抓住了人们的这一"趋异心理"，通过奇特的造型、特殊的工艺、名人的代言和高额的品牌溢价，来塑造出自我表达和价值观认同等悦己性理念，让消费者认为通过购买奢侈品能够完成对"本我"的探索。

"趋同心理"相对前者来说更易理解，通俗来说就是"模仿"，这既是一种普遍的社会现象，也是人类所具有的基本特性之一。当一种新的服装款式出现并被人们接受时，它便会形成一种流行，这种流行说到底就是人们模仿心理在服装领域所产生的一种社会效应。人们在生活中渴望进步的思想意识也会在服装上有所反映或体现。例如，当出现了一位颇有名气的"试穿先行者"时，人们心中的慕强心理就会驱使自己去了解和关注这一穿着风格，通过刻意地追求此类不同寻常的服装来表明自己不落俗套，久而久之，这种曾经特异的服装风格就会成为流行的风格。

（二）产品要从消费者的诉求出发

1. 文化载体诉求

服装是社会文明程度的标志，也是人类文化的表现。从服装的款式、材料、图案纹饰的特点中我们可以了解历史、考证过去、了解不同时期、不同地域、不同民族生活的特点和文化特点。例如，通过古代西欧服装造型和近代服装造型，可以了解到西欧人的审美标准、生活状况及思维定式；通过燕尾服、女士婚纱礼服等服装结构，可以看到思想上的"立体观念"和"立体思维"。而中国的服装从历史上来看更多地受到了"平面观念"和"平面思维"观念的影响，具体表现在服装上就是平面结构、平面着装，这种观念同样也影响着中国的绘画、雕塑及其他艺术门类。

2. 情感寄托诉求

衣物作为非语言性的信息传达媒介，可以将穿着者的身份地位、职业、色彩喜好、文化修养、个性风格乃至其所属文明的特点等传达给别人。在舒适放松的场所，人们通常穿着宽松舒适的服装来表现自己的悠然状态；当外出时，人们往往会根据外出目的来搭配自己的服装，如穿着礼服可以在正规场合表以庆吊等，种种穿着的心理需求和客观存在也无形间推动着人类社会文明的进步。

3. 绿色环保诉求

随着消费者环保意识的加强，服饰的环保问题已引起了消费者的重视，过去消费者选购服装，考虑比较多的是实用功能，而现在的部分消费者则会在意服装的主料和辅料是否能够可持续，旧衣经过特殊处理后是否能够再生产，废料的排放是否会对环境产生较大污染等。在如今的市场上，消费者的环保意识甚至会反向影响服装企业加快可持续发展生产，如图7-22所示。

服装消费诉求

序号	诉求类别	诉求内容
一	文化载体诉求	能代表消费者对文化属性的相关需求，如艺术性、文化性等
二	情感寄托诉求	能表现消费者心理的服装，如礼节性场合适用的服装等
三	绿色环保诉求	能代表消费者的环保意识

图7–22　服装消费者的消费诉求类别

人类的需求或者说欲望是推动人类社会发展的终极动力来源，表现在经济行为上就是消费。从经济学角度来看，消费者愿意支付的价格约等于消费者获得的满意度，因此，想要做好一个服装品牌，从消费者的诉求角度出发是十分必要的。近年来，不少优秀的中国服装品牌正在回归自己的根脉，试图从中华文明本身出发，来满足消费者文化自信、文化自强的诉求。

（三）提升消费者的消费体验

随着互联网经济的发展，企业开始对“客户”“顾客”“用户”这三个概念做出了界定。与顾客不同，客户一定是买单的人，在卖家眼中，客户的层次一定会高于顾客。正如麦肯锡创始人马文·鲍尔（Marvin Bower）所说：“我们没有顾客，我们只有客户”，在面对消费者时，麦肯锡通常为普通顾客也提供专业的服务，以未来合作伙伴而并非顾客的心态对待。

在消费多元化的今天，增加消费者的参与感也不容忽视。例如，在路易威登品牌的土力门店内，为了突出该品牌研发的环保新面料，品牌在进行门店设计时，不仅会有意地将这一系列放在门店C位，更是腾出了专门的空间来展示该面料的初始形态，展现其如何制成到如何回收利用成下一代的新品，这在无形间拉近了产品和消费者的关系，消费者能真实地看到自己选中的产品的过去及未来。再比如“认养一头牛”品牌，为了迎合高端消费人群的健康需要，提出了“一人一牛”的概念，即公司与奶牛场合作，为消费者提供“认领”服务，某一奶牛的产出都将属于特定的消费者，并且奶牛的健康状况等信息也将透明给消费者，以此来获取客户的忠诚度。

（四）深入消费群体的宣传方式

自Web2.0开始强化用户的参与度后，不少网络社交达人通过分享个人体验，在互联网平台上吸引了大量关注者，从而建立话语权，老牌企业们不得不面临新时代的转型。

由于早期电商资本的粗犷式发展，许多的KOL为了追求效益而盲目扩大业务范围，有时甚至会出现信息误读或虚假宣传，久而久之其可信度就大不如前了。相较于KOL而言，KOC所带来的用户体验更为垂直，KOC的跟随者也更为忠诚。KOC大部分都是产品购买者，通俗来说是某领域的发烧友或是素人，由于人设的真实性，因此KOC的传播往往离用户更近，粉丝的黏性也更强。因此，大部分企业在创立初期会大量寻找素人KOC在社交平台上造势，待有一定的关注度后，才会考虑对KOL的投入。

伴随区块链和信息追踪技术在民用领域的发展，越来越多的电商企业开始借助此项技术来实施对潜在目标群体的精准投放。比如当某互联网使用者在电商平台搜索了某样东西，并被企业捕捉到后，无论该用户购买与否，企业都会对该用户进行精准的广告投放，例如在浏览器角落的广告，或是微信朋友圈中的插入广告，总会有意无意地展现出该品牌的信息，如此循环往复后，当该消费者再次想要购买此类物品时，其第一反应自然便是广告的投放方式了。

不仅是电商们的宣传手段在更新换代，销售模式的创新在奢侈品行业内也在如火如荼地进行着。如LVMH（路易威登集团）在2020年宣布要大力发展快闪店的计划，试图在年内打造共计1000家的快闪店铺。不同于传统尊贵和奢华形象的奢侈品直营店，快闪店更多强调的是吸引力，或者说是流量。通过建立极具特色的快闪空间，吸引消费者，使其置身室内就仿佛能和所有的最新产品零距离互动，即使营收效益达不到一般直营店，但在其消费群体中产生的效应与创造出的传播力度一定是最大的。

近年来，大牌奢侈品频繁在中国举办品牌展览，主要目的之一就是使消费者更忠实于其品牌理念。以高级的规模和新颖的形式来吸引消费者以得到关注，让消费者更好地获得"沉浸式体验"，这不仅让原有的消费群体产生共情，还能更好地将潜在用户发掘出来。如何建立深入消费群体的宣传模式以增强客户黏性，这恐怕是互联网经济视域下每个企业都在思考的问题，如图7-23所示。

图7-23　古驰上海展览

二、员工定期培训统一品牌思想

员工培训作为企业提高员工素质的重要手段，不仅能够完善企业的内部运作机制、加大员工参与感、提高员工积极性，同时也能通过定期培训来快速解决企业的不同需求，规避企业运作中的一些风险。当然，管理者也需要建立合理的培训评估体系与激励约束机制，来促进员工在培训后的成果转化，同时也要防止员工培训的形式化和过度化等。

在信息多元化的21世纪，较于员工强大的个人能力来说，企业更需要的是能够和各部门相协调，发挥"1+1>2"作用的复合型人才。从服装品牌的设计和生产来看，它是涉及多部门、多领域的综合运动，设计师的设计理念是否能够生产落地、服装产品的上架是否能够适应市场、服装产品的生产成本是否存在压缩空间等，这无不需要企业各部门有着密切联系，因此，员工定期培训对服装品牌来说显得十分必要。

同时，从服装品牌运作的本质上来看，它属于人类社会中的文化活动，包含了统一的设计原则、企业内部高效的管理手段、强大的集体荣誉感和清晰的远景目标等。企业思想培训的意义不只是简单地要求步调一致，它更大的意义是在于通过打造品牌文化，树立集体荣誉感，以此来激发企业全体员工的积极性，让员工深知企业的兴衰与自身利益有根本上的联系，而后员工才会忠于企业，发挥能动性。

（一）制订培训计划，组织定期培训

企业培训是一项长期性的工作，员工每隔一定的周期就应该进行培训，通过发现和分析企业某一阶段的发展状况，以加强或规避值得或不值得持续的行为。特别对于中小型民营企业来说，要根据企业发展战略制订相应的人力资源开发计划。在此基础上制订出企业培训的年度计划、季度计划、月度计划。根据培训计划，明确计划实施责任人，并定期对计划实施情况进行考核，及时解决在实施过程中出现的问题。

企业培训作为集体性的企业活动，离不开对企业架构的认识。企业架构是构成企业组织的所有关键元素和关系的综合描述，清晰的架构可以帮助内部人员理解企业的构成分布，并且内部人员可以通过了解企业架构来更好地、自发地与相应元素进行关联，而非单纯被动地听从调度。就好比国家机器也需要通过各个部门，如立法、行政、司法、军队武装力量、中央和地方机关等来进行分工协作，清晰的架构能使各部门在自身无法处理具体事件时主动寻求其他相关部门的帮助，因此，在进行企业培训前，让员工清晰地认识到企业架构是非常有必要的。

不同的企业架构决定了不同的企业运作方式，是否需要维持当前的运作架构，也是企业培训前必须要考虑的。对于绝大部分的服装企业来说，在"十四五"规划或是

"十三五"规划前，依然走的是改革开放后的老路，通过国内相对廉价的劳动成本和原材料来做出口竞争，或是承接外企的加工订单。这时的服装企业仍属于劳动密集型，因此，在它的企业构成中，车间工人占了绝大部分的比例，再然后是负责管理车间、仓储和运输的人员占据较多，然后才轮到销售业务人员。

而对于在互联网视域下的新兴电商企业来说，他们的战略目标不是低价竞争，而是希望能够建立自己的服装品牌，打造品牌理念，最终完成品牌溢价。对这类企业来说，在企业架构中，往往有70%以上的人员负责销售或是各大网络品牌的运营工作。近年来的地价、劳动力成本、原材料价格不断上涨，鲜有新兴电商服装公司会主动寻求建立生产车间，大多数都是通过代加工的方式完成市场销量的需求，在失去低价竞争的先决条件时，电商品牌也不得不寄希望于打造品牌溢价来获得盈利。

单次的员工培训在一定的时期内往往能较好地提高员工绩效，但随着事物的不断变化与发展，矛盾也在随之变化和发展。因此，从长期来看，企业需要在不同阶段或是相似的发展周期来对企业发展做出新的审视判断，决定是否需要建立新的企业架构、制定新的员工培训内容以促进企业在新时期的发展。

（二）针对不同岗位的分层培训

企业内部应该明确各个岗位的职责，并在日常工作中严格执行岗位的责任考核，针对不同的岗位，要分清楚其工作范围和公司权限，并采取合理的标准量化管理。

成衣企业的技术管理水准对成衣企业的生存和发展起着关键的作用，因此，成衣企业更需要对产品开发技术管理高度重视。企业内部做好开发过程的透明以及清晰的责任分工，不仅有利于员工更好地明白自身工作以及需要协调的上下游部门，更方便企业进行管理层面的思考，让企业的生存过程最高效化。

成衣企业的技术管理内容主要包括生产工艺管理、产品质量管理、生产计划管理、设备管理等。其中生产工艺管理是成衣企业技术管理工作的核心内容，也是涉及所有开发流程，所有生产成本的部分，由企业的技术部门负责。具体的工作形式和要求可参考服装季度企划生产表、服装工艺生产单、服装面料订货详细表、服装辅料订货详细表等，如表7-2～表7-6所示。

表7-2　服装季度生产企划表1

季度生产企划表												
款号	图片	面料	用量	成分	面料成分	辅料	用量	数量	总用量（加损耗）	供应商	印/绣花	备注

表7-3 服装季度生产企划表2

季度生产企划表												
款号	图片	尺寸	肩宽	胸围	袖长	1/2袖口	前衣长（去领座）	后衣长	腰围	下摆	裙长（侧）	臀围

表7-4　服装生产工艺单

款式		配色		制单日期		面料到货日		产前样完成日		
款号		制板师		开发日期		辅料到货日		产前样确认日		
面料	用量	辅料		用量		款式描述				

款式图		样式尺寸	大货尺寸		
			2（S）	4（M）	6（L）
		肩宽			
		胸围			
		袖长			
		1/2 袖口			
		前衣长（去领座）			
		后衣长			
		腰围			
		下摆（裤脚）			
		裙长（侧）			
		臀围			
		工艺描述			
备注	效果图片只做廓型、风格参考，具体工艺以款式图为准				

表7–5　服装面料订货详细表

面料订货详细												
款号	图片	供应商	面料有效幅宽（厘米）	面料单价	单件用量	件数	板师建议总长度	实际采购（米）	余量（米）	成分	面料成分	总价

表7-6　服装辅料订货详细表

辅料订货详细										
款号	图片	辅料	物流状态	单件用量	件数	总用量（含5%损耗）	余量	供应商	印/绣花	总价

（三）劲往一处使，激发集体智慧

1. 引导员工树立集体荣誉感

集体荣誉感是集体凝聚力的来源，是集体发展的原动力，也是激发企业集体成员奋发上进的精神力量，在企业培训中尤其需要注意调动员工的集体意识。

绝大多数的公司在企业内部都有一套自己的企业文化，例如雨润集团对每年的新晋员工会进行统一的军事化管理培训，通过军训的方式来让新人之间相互建立联系，具有合作意识和集体荣誉感，以方便入职后的工作对接。

在企业中最常见的是通过绩效奖励的方式来激发员工的集体荣誉，比如在项目推进过程中将员工分成不同小组，不同小组又承担着不同职能，虽然职能不同但又有着千丝万缕的联系，集体荣誉感也应运而生了。当然，每个企业需要考虑自身的情况，思考采用何种方式以建立员工的集体荣誉感，但毋庸置疑的是，无论在何种行业，企业荣誉感是必不可缺的。

2. 促进部门间交流，激发集体智慧

服装品牌不同于一般行业，其不仅要求企业拥有自己的文化理念，还要求产品能不断推陈出新，并且在不断地更新换代中，企业还需保证新颖的设计可以较好地适应市场、严格把控成衣的库存风险、规避高生产成本投入等。这就要求企业在进行员工培训的时候，还需要特别注重各部门间的交流，比如让设计部、生产部、市场部等部门一同分析品牌的走向，激发集体智慧。

服装设计的创作构思和一般的艺术创作活动，既有共性，又具个性。其共同点是它们都来自生活，来自创作者的思想指导，同时，创作又都包含着构思与表达两个环节。不同之处在于艺术创作相对有更多的独立性和主观性，而服装设计必须通过生产环节与市场销售才能体现其价值，带有较多的依附性和客观性。

服装的根本是人，服装最终是给人穿着的，人是服装的主体。服装设计的创作活动需要依赖人体依靠纺织材料和加工生产相结合，所以在创作构思中，必须兼顾到这些必要的因素，因此，发挥企业部门的集体智慧是非常重要的。对于一些新兴电商的服装品牌而言，在创立的初始阶段往往会刻意追求品牌辨识度而忽略了这一点，如果让品牌设计部、运营部、市场部等部门来协同探讨产品的开发就能在很大程度上规避这一风险。

服装品牌的市场部一般都在流行的前线工作，对市场风向和当前热度产品非常了解，在探讨系列设计时，设计部通过与市场部的交流，可以对产品的可行性有一个前期的预判。运营部掌握着电商平台的一手数据，大到行业性的销售数据，小到个人店铺的某张图片的点击率，都有清晰的数据，通过结合运营部所整理的高点击率产品，也可以大致得出电商平台上的畅销风格。

服装品牌市场线上运营部的工作要求和运作模式具体可参考天猫平台电商运作数据分析表、京东平台电商运作数据分析表、品牌热度分析表、品牌热度分析走势表、客服部门数据分析表等，如表7-7～表7-12所示。

表7-7　天猫平台电商运作数据分析表

天猫店铺月销售总结				
访客	访客数	成交人数	转化率	客单价
销售	成交金额	去退金额	对成交金额费率	对去退金额费率
	商品成本	毛利	毛利率	
退款	退款金额	仅退款	退货退款	
藏购	加购人数	收藏人数	加购率	收藏率
博主	博主支付金额	博主支付人数	博主产品成本	
推广	付费工具	花费额	成交金额	ROI
	直通车			
	引力魔方			
	万相台			
	品销宝			
	淘宝客			
	合计			

表7-8　京东平台电商运作数据分析表

京东自营店铺月销售总结				
访客	访客人数	成交人数	转化率	客单价
销售	成交金额	去退金额	对成交金额费率	对去退金额费率
	商品成本	采购价（去退）	毛利	毛利率
退款	退款金额	仅退款	退货退款	
藏购	加购人数	收藏人数	加购率	收藏率
商品交易总额	前台毛利	广告费	前台毛保	应补毛保
推广	付费工具	花费额	成交金额	投资回报率
	京东快车			
	购物触点			
	京东海投			
	京挑客			
	合计			

表7-9　品牌热度分析表

品牌热度分析				
月份	小红书发帖数	品牌行业搜索人数	品牌词进店人数	品销宝访客数
12月				
1月				
2月				
3月				
4月				
5月				

表7-10　品牌热度分析走势表

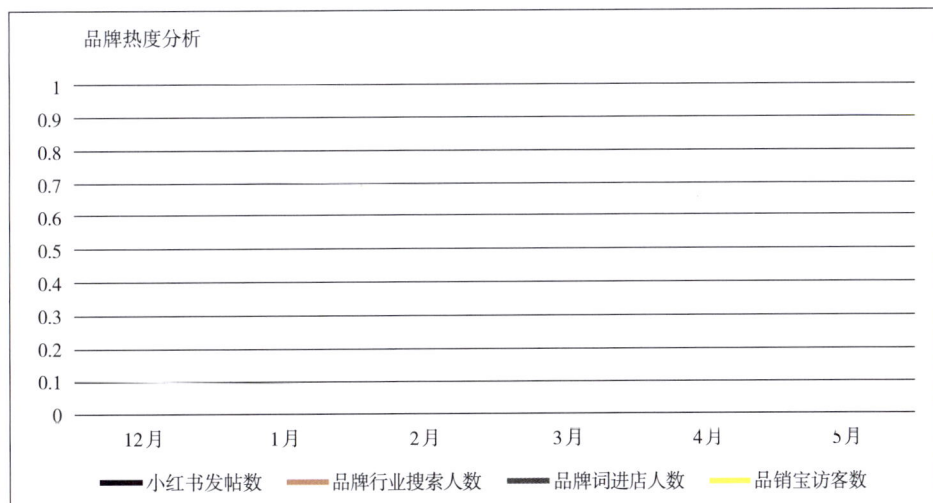

表7-11　客服部门数据分析表1

个人销售额占比	净销售额	询单最终付款人数	询单最终付款金额	询单当日付款转化率	询单最终付款转化率	客单价

续表

个人销售 额占比	净销 售额	询单最终 付款人数	询单最终 付款金额	询单当日付 款转化率	询单最终付 款转化率	客单价

表7-12 客服部门数据分析表2

客服数据详情						
旺旺昵称	咨询人数	旺旺 回复率	首次响应 时长（秒）	平均响应 时长（秒）	销售额	销售人数
客服1						
客服2						
客服3						
客服4						
客服5						
客服6						
客服7						
客服8						
客服9						
客服10						
客服11						

（四）分享企业远景目标，激发员工能动性

俗话说"人无远虑，必有近忧"，忧患意识常指对可能会遭遇到的困境和危难抱有警惕性，并由此奋发图强，这一点无论是对个人还是对企业来说都是至关重要的。拥有

清晰的企业规划和远景目标能够帮助企业找到自身的定位和发展方向，这不只是管理层内部需要共享的，更是整个公司上下都需要明确的，在企业培训中灌输企业的远景规划能够发挥员工的能动性，具体来说，远景目标可以从时间、空间和角度这三个层面来考虑。

时间代表企业发展该项目的时间在整个行业中所处的位置，比如所创立的这个项目是否属于行业中的开创者，包含了项目面临的现状和现阶段或者未来一段时间内可能遇到的困难。空间层面更多的是战略策略，比如企业希望通过打造一个项目将企业提升到某种高度。角度层面则更容易理解，指视角不同时所思考的问题也不同，在进行一个项目时，企业思考的是整个行业，员工思考的是绩效，通俗来说，角度可以理解为"你是谁，你想成为谁"。

此外，企业在制定远景战略决策时，往往需要根据行业发展的大趋势，以及国家推崇的经济发展方向来进行综合考虑。

（五）建立培训评估体系，促进员工培训成果转化

培训评估体系既是对上一次培训工作的分析总结，也是为下一次培训工作的开始做准备。企业首先可通过培训满意度调查来考察员工对培训项目结构、培训内容和方法的反映，然后通过对员工、直线领导的访谈来评估培训后员工在行为和表现上所产生的变化，最后通过部门绩效考核来评估培训对组织的发展是否产生良好的作用。

企业在对单次的培训进行评估后，还要根据评估的结果建立相应的激励约束机制，将培训的效果与员工的薪酬、福利、晋升挂钩，充分调动员工对培训的积极性，促使员工在工作中尽快运用学习到的新技能与新知识。另外，企业还可以建立员工培训档案，在记录员工参与培训活动的基础上，对员工培训教育进行投入产出分析，以确定员工发生离职情况后所造成的损失。在培训前企业应事先与员工签订培训合同，明确员工接受培训后的服务年限与违约赔偿金，避免企业花费大量的成本而只为他人作嫁衣，也可以逐步消除中小民营企业不敢投资培训的误区。最后，在企业培训体系建立完备后，还需规避培训的形式化和过度化，以防止培训流于表面。

本章小结

1. 当今世界是一个互通互联的世界，想做好一个企业就必须拥有国际化的市场格局，了解国内外的服装品牌趋势，只有对市场动态、风向有科学合理的判断，才能将管理做到极致。

　　2. 当决策层制定了品牌的管理战略后，还需要充分制定管理准则，明确各部门职能，确保在项目进行时能将责任具体到部门或者某个员工，使企业管理更为及时有效。

　　3. 服装产品设计的好坏将直接影响市场和品牌运作成败，同时它也反映出一个服装企业的综合业务能力，以及供应链的生产能力。

　　4. 市场永远在变，因此，品牌的发展动态、战略规划以及管理准则等也绝非一成不变的，它需要根据市场反应进行实时调整，这就要求在进行服装品牌运作时需考虑企业的可持续发展。

思考题

　　1. 在进行服装品牌的管理战略时需要考虑哪些方面？

　　2. 简述企业在制订管理准则时的参考标准。

　　3. 请在学习完本章节后，选择一个现有的服装品牌进行管理战略模拟。

参考文献

[1] 李正. 服装学概论[M]. 北京: 中国纺织出版社, 2014.

[2] 袁仄. 中国服装史[M]. 北京: 中国纺织出版社, 2005.

[3] 李正, 王巧, 徐倩蓝. 服装商品企划实务与案例[M]. 北京: 化学工业出版社, 2019.

[4] 李俊, 王云仪. 服装商品企划学[M]. 2版. 北京: 中国纺织出版社, 2010.

[5] 安妮. 服装品牌企划与运营[M]. 北京: 北京大学出版社, 2013.

[6] 刘晓刚, 李峻, 曹霄洁, 等. 品牌服装设计[M]. 5版. 上海: 东华大学出版社, 2019.

[7] 刘晓刚. 服装设计实务[M]. 上海: 东华大学出版社, 2014.

[8] 托比·迈德斯. 时装·品牌·设计师: 从服装设计到品牌运营[M]. 2版. 北京: 中国纺织出版社, 2014.

[9] 赵洪珊. 服装商品企划教程[M]. 上海: 东华大学出版社, 2013.

[10] 刘晓刚, 蒋黎文. 品牌服装运作[M]. 2版. 上海: 东华大学出版社, 2013.

[11] 周辉. 服装品牌设计运作与营销[M]. 北京: 化学工业出版社, 2016.

[12] 马大力, 卫小鹃, 王晓云. 服装商品企划实务[M]. 2版. 北京: 中国纺织出版社, 2018.

[13] 李正, 王巧, 涂雨潇. 女装设计与产品企划[M]. 北京: 人民美术出版社, 2023.

[14] 杨志文. 服装市场营销[M]. 北京: 中国纺织出版社, 2015.

[15] 程思, 张金鲜, 厉莉. 服装品牌学[M]. 上海: 东华大学出版社, 2011.

[16] 宋柳叶, 王伊千, 魏丽叶. 服饰美学与搭配艺术[M]. 北京: 化学工业出版社, 2019.

[17] 索格, 阿戴尔. 国际服装丛书·设计: 时装设计元素[M]. 袁燕, 刘驰, 译. 北京: 中国纺织出版社, 2008.

[18] 道伯尔. 国际时装设计元素: 设计与调研[M]. 赵萌, 译. 上海: 东华大学出版社, 2016.

[19] 周辉. 服装品牌设计运作与营销[M]. 北京: 化学工业出版社, 2016.

[20] 张星. 服装流行学[M]. 4版. 北京: 中国纺织出版社有限公司, 2020.

[21] 李慧. 服装设计思维与创意[M]. 北京: 中国纺织出版社, 2018.